中国象棋经典布局系列

中炮对左炮封车转列炮

朱宝位　刘海亭　编著

时代出版传媒股份有限公司
安徽科学技术出版社

图书在版编目(CIP)数据

中炮对左炮封车转列炮 / 朱宝位,刘海亭编著.--合肥:安徽科学技术出版社,2019.1(2023.4重印)
(中国象棋经典布局系列)
ISBN 978-7-5337-7445-5

Ⅰ.①中… Ⅱ.①朱…②刘… Ⅲ.①中国象棋-布局(棋类运动) Ⅳ.①G891.2

中国版本图书馆 CIP 数据核字(2018)第 000406 号

中炮对左炮封车转列炮　　　　　　　　　　　朱宝位　刘海亭　编著

出 版 人:丁凌云　　　选题策划:刘三珊　　　责任编辑:刘三珊
责任校对:戚革惠　　　责任印制:李伦洲　　　封面设计:吕宜昌
出版发行:安徽科学技术出版社　　　http://www.ahstp.net
(合肥市政务文化新区翡翠路 1118 号出版传媒广场,邮编:230071)
　　　电话:(0551)63533330
印　　制:唐山富达印务有限公司　　　电话:(022)69381830
(如发现印装质量问题,影响阅读,请与印刷厂商联系调换)

开本:710×1010　1/16　　　印张:12.75　　　字数:229 千
版次:2023 年 4 月第 3 次印刷

ISBN 978-7-5337-7445-5　　　　　　　　　　定价:55.00 元

前　言

　　中炮对左炮封车转列炮是 20 世纪 70 年代初期兴起的一种新型布局,20 世纪 80—90 年代较为流行。其布局特点是对攻激烈、变化复杂,无论是布局战略、阵形构思还是出子次序,都出现了新的突破,在战术手段上也有多种多样的发展。这种列炮是在黑方第 3 回合进炮封车后补中炮形成的。它刚柔并济,比原始列炮灵活机动,同时也给黑棋带来更多的反击机会。中炮对左炮封车转列炮的出现是列炮发展史上的一个新的里程碑,它宣告了列炮不能登大雅之堂的历史的结束,列炮从此获得了新生。近些年来,中炮对左炮封车转列炮的兴起,更加丰富了这一变例。

　　本书专门介绍和阐述中炮对左炮封车转列炮的各种局式、变化及其攻防战略。全书分六章 88 局,最后附有实战对局选例 20 局,以供读者在阅读研究时与本书理论部分的内容互相印证,并随着实战经验的积累,不断提高这种布局的技战术水平。

　　限于笔者水平,书中不妥之处在所难免,希望得到棋界同好的批评、指正。

编著者

目　　录

第一章　红两头蛇正马类

第一节　黑右车巡河变例

第1局　红两头蛇对黑车巡河(一)

1.炮二平五　马8进7　　2.马二进三　车9平8

3.车一平二　炮8进4　　4.兵三进一　炮2平5

5.兵七进一　…………

红方进七兵,形成灵活多变的"两头蛇"阵势,是目前流行的走法。

5.…………　马2进3　　6.马八进七　车1平2

黑方出直车,是常见的走法。

7.车九平八　车2进4

黑方高车巡河,可策应左翼,并可伺机兑卒活马,是攻守两利之着。

8.炮八平九　车2平8

黑方平车避兑,势在必行。如接受兑车,则车炮被牵制,双马不活,局面难走。

9.车八进六　炮8平7

黑方平炮压马,是对攻性极强的走法。

10.车八平七　…………

红方平车吃卒压马,准备演成各攻一翼的激烈搏杀局面,是力争主动的走法。

10.…………　前车进5　　11.马三退二　车8进9

12.车七进一　车8平7　　13.车七进二　…………

红方进车吃象,正着。如先走炮九进四,则车7平8,黑方优势。

13.…………　炮7进1

黑方进炮串打,试探红方如何应手,是正确的选择。

14.马七进六　…………

红方进马兑炮,是简明的走法。

14. ·········· 炮 7 平 1

黑方兑炮,系旧式应法,黑方容易吃亏。

15. 相七进九(图 1) ··········

如图 1 形势,黑方有两种走法:车 7 退 2 和卒 7 进 1。现分述如下:

第一种走法:车 7 退 2

15. ·········· 车 7 退 2

黑方退车瞄炮,是寻求变化的走法。

16. 车七退四 ··········

红方退车骑河,以防黑方卒 7 进 1 兑卒活马,是紧要之着。

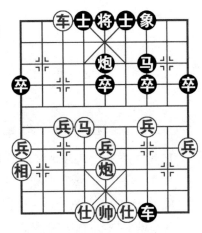

图 1

16. ·········· 炮 5 进 4

17. 仕六进五　　象 7 进 5

18. 车七平六　　士 6 进 5

19. 帅五平六　　炮 5 退 1

黑方如改走卒 7 进 1,红方则兵三进一,象 5 进 7,车六进一,象 7 退 5,相九退七,车 7 退 2,兵七进一,炮 5 退 1,马六进五,马 7 进 6,车六退三,炮 5 平 2,炮五进三,炮 2 平 5,马五退三,将 5 平 6,车六平四,红方胜势。

20. 车六进一　　卒 1 进 1

黑方如改走车 7 退 2,红方则马六进五,马 7 进 5,车六平五,也是红方优势。

21. 相九退七　　车 7 退 2　　　22. 马六进五　　马 7 退 6

23. 车六退二 ··········

红方退车拴链黑方车炮,优势渐趋扩大。

23. ·········· 卒 7 进 1　　24. 兵七进一　　炮 5 退 1

25. 炮五进二 ··········

红方升炮拦车避兑,下伏飞相捉车的手段,逼使黑炮困于弹丸之地,是迅速取胜的有力之着。

25. ·········· 马 6 进 8

黑方如改走车 7 进 1,红方则车六进一,红方得子。

26. 兵七平六　　炮 5 平 6　　　27. 相七进五　　车 7 进 1

28. 炮五进三

红方胜势。

第二种走法：卒7进1

15. ………… 卒7进1

黑方兑卒活马，局势相对稳正。

16. 炮五平六　车7退4

黑方如改走士6进5，红方则炮六平八，将5平6，车七退四，车7退4（如车7平6，则帅五进一，红方易走），马六进四，也是红方主动。

17. 车七平六	将5进1	18. 兵七进一	车7进1
19. 马六进八	车7平5	20. 仕六进五	车5平2
21. 马八进七	将5平6	22. 车六退五	车2进3
23. 炮六退二	士6进5	24. 车六平四	士5进6
25. 兵七平六	车2退7	26. 马七进六	炮5退2
27. 相九退七	卒5进1	28. 炮六进二	卒5进1

黑方舍弃中卒，希望通过牵制红车来缓解局势，除此之外，也别无好棋可走了。

29. 车四平五	士6退5	30. 炮六平四	车2平4
31. 兵六平五	…………		

红方舍马硬平中兵，伏有先弃后取的手段，巧妙之着。

31. …………	车4退2	32. 兵五平四	士5进6
33. 兵四平三	士6退5	34. 兵三平四	士5进6
35. 相七进五	马7进6	36. 车五进一	

红方优势。

第2局　红两头蛇对黑车巡河（二）

1. 炮二平五	马8进7	2. 马二进三	车9平8
3. 车一平二	炮8进4	4. 兵三进一	炮2平5
5. 兵七进一	马2进3	6. 马八进七	车1平2
7. 车九平八	车2进4	8. 炮八平九	车2平8
9. 车八进六	炮8平7	10. 车八平七	前车进5
11. 马三退二	车8进9	12. 车七进一	车8平7
13. 车七进二	炮7进1		
14. 马七进六	卒7进1(图2)		

3

黑方卒7进1兑卒,是改进后的走法。

如图2形势,红方有四种走法:兵三进一、炮九平三、炮九进四和车七退四。现分述如下:

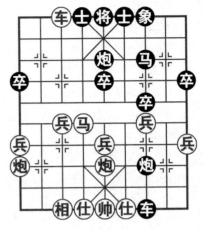

图2

第一种走法:兵三进一

15.兵三进一 ···········

红方直接兑兵,是改进后的走法。

15.··········· 炮7平1

16.相七进九 车7退5

17.车七退四 车7进2

黑方如改走车7进1,红方则马六进五,马7进5,炮五进四,炮5进4,车七平五,炮5退3,车五进一,红方先手。

18.仕六进五 士6进5 19.炮五平八 炮5进4

20.马六退五 士5进4

黑方如改走将5平6,红方则帅五平六,车7退1,炮八进七,将6进1,车七平六,象7进9,炮八退四,车7进2,炮八退三,车7退3,车六退二,马7进6,马五退三,车7进4,炮八平四,马6退7,车六平五,将6退1,炮四平八,士5进4,炮八平五,士4退5,车五平四,将6平5,车四平六,将5平6,兵七进一,红方优势。

21.帅五平六 车7平6 22.车七平三 马7退6

23.马五退三 车6退1 24.炮八进二 象7进5

25.车三平六 炮5退1 26.马三进五 车6平8

27.车六进二 炮5平2 28.车六进二 将5进1

29.车六平四

红方优势。

第二种走法:炮九平三

15.炮九平三 车7退2 16.兵三进一 车7退3

17.炮五平六 ···········

红方如改走车七退四,黑方则车7进1,马六进五,马7进5,炮五进四,炮5进4,车七平五,炮5退3,车五进一,士6进5,相七进五,车7进1,车五平九,车7平9,兵七进一,象7进5,兵七平六,车9平4,车九退一,和势。

4

17. ┄┄┄┄┄┄	士6进5	18. 车七退四	车7进2
19. 炮六平八	车7平5	20. 仕四进五	车5平2
21. 炮八平五	炮5进5	22. 相七进五	象7进5

双方均势。

第三种走法:炮九进四

15. 炮九进四　┄┄┄┄┄┄

红方炮打边卒,嫌急。

15. ┄┄┄┄┄┄	炮7平8	16. 马六进七	┄┄┄┄┄┄

红方如改走炮五平六,黑方则炮5进4,车七平六,将5进1,车六退一,将5退1,炮六平四,士6进5,黑方大占优势。

16. ┄┄┄┄┄┄	炮5进4	17. 仕六进五	车7退4
18. 帅五平六	车7平3	19. 炮五进四	车3进4
20. 帅六进一	车3退1	21. 帅六进一	炮5平7
22. 马七进五	马7进5	23. 车七进八	炮7进1
24. 帅六退一	炮7进1	25. 仕五进四	炮7平3

黑方多子胜势。

第四种走法:车七退四

15. 车七退四　┄┄┄┄┄┄

红方退车,是新的尝试。

15. ┄┄┄┄┄┄	炮5进4	16. 仕六进五	象7进5
17. 车七平八	炮7平1	18. 相七进九	车7退4
19. 马六进五	马7进5	20. 车八平五	炮5平8
21. 仕五进六	炮8进3	22. 仕四进五	车7进4
23. 仕五退四	车7退2	24. 仕四进五	马5退7
25. 车五进二	士6进5	26. 炮五进三	炮8退5
27. 炮五退一	车7进2	28. 仕五退四	车7退4
29. 仕四进五	马7进6	30. 车五退二	将5平6

黑胜。

第3局　红两头蛇对黑车巡河(三)

1. 炮二平五	马8进7	2. 马二进三	车9平8
3. 车一平二	炮8进4	4. 兵三进一	炮2平5

5

5.兵七进一　马2进3　　6.马八进七　车1平2

7.车九平八　车2进4　　8.炮八平九　车2平8

9.车八进六　炮8平7　　10.车八平七　前车进5

11.马三退二　车8进9　　12.车七进一　车8平7

13.车七进二　炮7进1　　14.兵七进一　…………

红方七路兵渡河,弃马抢攻,是比较积极的走法。

14.…………　炮7平3　　15.兵七平六　炮5进4

黑方炮击中兵,控制红方中路,是改进后的走法。如改走炮3平2,则车七平八,车7退4,车八退七,炮5进4,炮五平七,车7平3,炮七平三,马7退5,车八进一,炮5退1,炮九进四,象7进5,炮三平二,卒7进1,炮九进三,车3退5,炮二平九,马5进3,车八进一,炮5进1,兵六进一,红方优势。

16.仕六进五　炮3平2　　17.车七平八　车7退4

黑方如改走炮2平3,红方则炮九进四,红方弃子有攻势。

18.车八退六　…………

红方退车捉炮,保持变化。如改走车八退七,则车7平3,帅五平六,车3平4,车八平六,车4进2,仕五进六,卒7进1,炮九进四,象7进5。以下红方有两种走法:

① 兵六进一,炮5平4,仕六退五,卒5进1,炮五进五,卒5进1,炮五退二,将5进1,兵九进一,卒7进1,兵九进一,卒5进4,兵六平七,卒9进1,黑方较优。

② 仕六退五,炮5平8,兵九进一,马7进6,仕五进四,马6进4,帅六平五,卒7进1,炮五进五,马4进2,仕四进五,将5进1,炮五平六,双方大体均势。

18.…………　车7平3

黑方平车吃相、弃炮,是新的尝试。

19.车八平五　车3进4　　20.仕五退六　士6进5

21.车五平八　…………

红方平车跟炮,是改进后的走法。如改走炮九进四,则车3退6,炮九进三,车3退3,车五平八,车3平1,车八退一,车1进6,双方大体均势。

21.…………　炮2进2(图3)

如图3形势,红方有两种走法:炮五平三和炮九进四。现分述如下:

第一种走法:炮五平三

22.炮五平三　…………

红方卸炮瞄马，是取势要着。如改走炮九退二，则车3退2，车八退三，车3平5，仕四进五，车5平1，红方车炮被牵，难有作为。

22.………… 炮2平1

黑方如改走车3退2，红方则车八退三，车3平7，炮九进四，车7平3，车八进七，马7退6，兵六进一，红方优势。

23. 炮三进五　车3退2

24. 帅五进一　…………

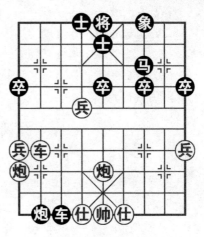

图3

红方如改走仕六进五，黑方则象7进5，炮九进四，车3进2，仕五退六，车3退3，车八退三，炮1退6，车八进六，车3平1，车八平五，炮1退1，炮三平九，车1退4，车五平三，车1进2，和势。

24.………… 车3进1

黑方如改走车3平1，红方则炮三平九，车1平3，车八平五，车3进1，帅五退一，车3退6，炮九进二，车3退2，炮九退二，士5退6，车五进三，士4进5，炮九平二，红方稍优。

25. 帅五进一　车3退6

黑方如改走车3退1，红方则帅五退一，车3平1，炮三平九，车1平3，车八平五，红方优势。

26. 兵六进一　卒5进1　　27. 车八平五　车3平7

28. 炮九平七　士5退6　　29. 帅五退一　车7平2

30. 车五进二　士4进5　　31. 炮七平三　象7进5

32. 炮三平一

红方优势。

第二种走法：炮九进四

22. 炮九进四　车3退6

黑方如改走卒7进1，红方则炮五平九，象7进5，后炮退二，炮2平4，后炮平六，马7进6，仕四进五，卒7进1，炮九进三，象5退3，车八进六，将5平6，炮九平七，将6进1，车八退六，红方多子，大占优势。

23. 车八退三　车3平1　　24. 车八进三　卒7进1

25. 车八平三　马7退6　　26. 仕四进五　车1进1

7

27.兵六进一　车1退1　　28.车三进二　车1平4

29.车三进四　车4进3　　30.兵一进一　车4平1

31.车三退三　车1平5　　32.炮五进四　士5进4

33.炮五平九

红方残局易走。

第4局　红两头蛇对黑车巡河(四)

1.炮二平五　马8进7　　2.马二进三　车9平8

3.车一平二　炮8进4　　4.兵三进一　炮2平5

5.兵七进一　马2进3　　6.马八进七　车1平2

7.车九平八　车2进4　　8.炮八平九　车2平8

9.车八进六　炮8平7　　10.车八平七　前车进5

11.马三退二　车8进9　　12.车七进一　车8平7

13.车七进二　炮7进1　　14.兵七进一　炮7平3

15.兵七平六　炮5进4　　16.仕六进五　炮3平2

17.车七平八　车7退4　　18.车八退六　车7平5

黑方平车保炮,是似笨实佳之着。

19.炮九进四(图4)　…………

如图4形势,黑方有三种走法:象7进
5、卒7进1和炮2平3。现分述如下:

第一种走法:象7进5

19.…………　象7进5

20.车八退一　车5平3

21.相七进九　…………

红方可改走帅五平六,黑方如接走卒7
进1,红方则炮九进三,象5退3,车八进七,
红方较为顽强有力。

21.…………　车3进1

22.兵九进一　…………

红方挺边兵,保持变化。如改走炮九平三,则车3平4,兵六进一,卒5进1,
也是黑方易走。

22.…………　卒7进1

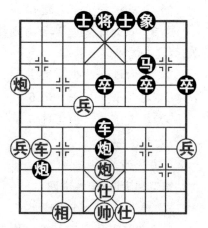

图4

黑方马路活通,形势立即好转。

23.兵六进一　士6进5　　24.炮九进三　∙∙∙∙∙∙∙∙∙∙∙

红方如改走炮九平五,黑方则车3平4,黑方优势。

24.∙∙∙∙∙∙∙∙∙∙∙　象5退3　　25.兵六平五　马7进5

26.车八平六　马5退3　　27.帅五平六　车3退2

黑方优势。

第二种走法:卒7进1

19.∙∙∙∙∙∙∙∙∙∙∙　卒7进1

黑方进7路卒,活通马路。

20.炮九进三　将5进1　　21.车八进五　将5进1

22.车八退六　马7进6

黑方进马,是改进后的走法。以往常走车5平4,车八进五,将5退1,车八进一,将5进1,车八退五,炮5退1(如马7进6,则炮九进四,黑方失子),车八平五,炮5进2,相七进五,车4退1,双方各有顾忌。

23.车八进四　将5平6　　24.兵六进一　马6进4

25.炮九退五　车5退1　　26.帅五平六　车5平3

27.炮五平四　车3进5　　28.帅六进一　车3退1

29.帅六退一　炮5平7　　30.炮四平三　马4进5

31.兵六平五　车3进1　　32.帅六进一　马5退3

33.帅六进一　将6退1　　34.车八退二　车3退1

35.车八平四　将6平5　　36.炮九平五　象7进5

37.兵五平四　象5退7　　38.炮三平五　马3进5

39.兵四平五　象7进5　　40.帅六平五　车3退3

双方各有顾忌。

第三种走法:炮2平3

19.∙∙∙∙∙∙∙∙∙∙∙　炮2平3

黑方平炮,采取以攻为守的策略。

20.炮九进三　∙∙∙∙∙∙∙∙∙∙∙

红方如改走车八平七,黑方则炮3平2,炮九平八,炮2进2,相七进九,炮5平7,炮八进三,士4进5,车七进六,士5退4,帅五平六,将5进1,车七退一,将5进1,车七退五,双方各有顾忌。

20.∙∙∙∙∙∙∙∙∙∙∙　炮3退7　　21.车八平六　士6进5

22. 帅五平六　炮 5 平 1　　23. 车六平九　卒 7 进 1

黑方进卒活马,正着。如改走车 5 平 4,则帅六平五,车 4 退 1,车九进四,红方优势。

24. 车九平七　象 7 进 5　　25. 兵六进一　炮 3 平 2

26. 车七平八　炮 2 平 3　　27. 车八进三　马 7 进 6

28. 车八平七　车 5 进 1　　29. 炮五进四　将 5 平 6

30. 帅六平五　马 6 进 4　　31. 车七平八　车 5 平 3

双方对攻。

第 5 局　红两头蛇对黑车巡河(五)

1. 炮二平五　马 8 进 7　　2. 马二进三　车 9 平 8

3. 车一平二　炮 8 进 4　　4. 兵三进一　炮 2 平 5

5. 兵七进一　马 2 进 3　　6. 马八进七　车 1 平 2

7. 车九平八　车 2 进 4　　8. 炮八平九　车 2 平 8

9. 车八进六　炮 8 平 7　　10. 车八平七　前车进 5

11. 马三退二　车 8 进 9　　12. 车七进一　车 8 平 7

13. 车七进二　炮 7 平 8

14. 炮九进四(图 5) ···········

如图 5 形势,黑方有三种走法:炮 8 进 3、炮 8 进 1 和车 7 退 4。现分述如下:

第一种走法:炮 8 进 3

14. ··········　炮 8 进 3

15. 炮九进三　卒 7 进 1

黑方如改走车 7 退 4,红方则仕四进五,车 7 进 4,仕五退四,卒 7 进 1,兵七进一,对攻中红方易走。

16. 兵七进一　车 7 退 4

黑方如改走卒 7 进 1,红方则兵七平六,红方优势。

17. 仕四进五　车 7 平 3　　18. 车七平八 ···········

红方平炮弃兵,暗保红马,是大局感极强的走法,也是保持主动的紧要之着。

18. ··········　车 3 退 1　　19. 马七进六　炮 8 退 8

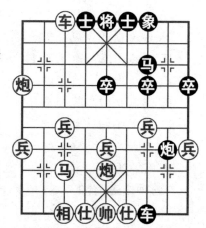

图 5

20. 炮五平三　⋯⋯⋯⋯⋯

红方卸炮攻马,攻击点十分准确有力。

20. ⋯⋯⋯⋯⋯　将5进1

黑方弃马,力求一搏。如改走马7退5(如炮5进4,则相七进五,红方优势),则马六进五,也是红方优势。

21. 炮三进五　车3平4　　22. 马六退七　卒7进1

23. 炮三进一　将5平6　　24. 炮九退一　车4平3

25. 马七进六　炮5进4　　26. 仕五进四　⋯⋯⋯⋯⋯

红方扬仕解将,正着。如误走相七进五,则车3平8,黑方反败为胜。

26. ⋯⋯⋯⋯⋯　车3平4　　27. 马六进八　炮8进3

28. 车八退一　士6进5

黑方如改走将5进1,红方则马八进七,也是红方抢攻在前。

29. 炮三退三　将6退1

黑方当然不能走车4平7,否则马八进七,将6退1,炮九进一,将6进1,马七退五,红方得车。

30. 马八进七　车4退2　　31. 车八退五　炮5退1

32. 车八平七　象7进5　　33. 炮三平四

红方大占优势。

第二种走法:炮8进1

14. ⋯⋯⋯⋯⋯　炮8进1　　15. 兵七进一　⋯⋯⋯⋯⋯

红方冲兵,准备弃子取势。如改走炮九进三,则车7退4,兵七进一,车4平3,马七退九,炮8退6,炮五平三,炮5进4,车七进八,将5进1,车八退六,车3平5,马九进七,炮5平3,炮三平五,炮3进3,帅五进一,象7进5,车八平二,炮8平6,马七进五,车5平2,炮五平三,车2平5,炮三平五,车2平5,炮九退二,炮3退3,炮三平五,炮3平8,炮五进三,卒5进1,黑方多卒、多象占优。

15. ⋯⋯⋯⋯⋯　炮8平3

黑方如改走车7退4,红方则兵七平六,炮5退1,炮九进三,炮8进2,仕四进五,车7进4,仕五退四,炮5平9,车七退五,士4进5,车七平二,炮8平9,马七进八,车7退4,车二退四,车7平2,车二平一,卒7进1,车一进一,马7进6,车一平七,红方大占优势。

16. 兵七平六　炮5进4

黑方如改走炮 3 平 2,红方则车七平八,炮 2 平 3,炮九进三,以下黑方有两种走法:

①炮 3 退 6,车八平七,炮 3 平 8,车七退一,士 4 进 5,炮五平八,炮 5 平 2,车七进一,士 5 退 4,车七退二,炮 2 退 2,车七平八,炮 2 平 3,车八平三,车 7 退 4,炮八进七,车 7 平 3,兵六进一,红方大占优势。

②车 7 退 3,兵六进一,炮 5 进 4,仕六进五,士 6 进 5,车八退二,炮 3 平 7,车八平三,车 7 退 1,车三进二,士 5 退 6,兵六平五,车 7 平 3,帅五平六,车 3 进 4,帅六进一,车 3 退 1,帅六退一,车 3 退 1,车三退一,车 3 平 5,车三平六,炮 5 平 4,兵五进一,红方胜势。

17. 仕六进五　炮 3 平 2　　18. 车七平八　炮 2 平 3

19. 炮九进三　车 7 退 3　　20. 兵六进一　士 6 进 5

21. 车八退二　炮 3 退 7　　22. 车八平三

红方先弃后取,占优。

第三种走法:车 7 退 4

14. ……………　车 7 退 4　　15. 炮九进三　炮 8 进 1

黑方进炮打马,试探红方应手。如改走炮 8 进 3,则仕四进五,车 7 进 4,仕五退四,卒 7 进 1,兵七进一,红方优势。

16. 车七平八　……………

红方亦可改走兵七进一,黑方则车 7 平 3,以下红方有两种走法:

①马七退九,车 3 平 7,车七退一,士 4 进 5,炮五平八,炮 8 进 2,帅五进一,车 7 平 2,车七进一,士 5 退 4,炮八平三,车 2 进 3,帅五进一,炮 8 平 7,兵七平六,卒 7 进 1,兵六进一,马 7 退 5,车七退一,车 2 退 8,马九进八,炮 5 平 8,马八进七,炮 7 平 4,车七平九,象 7 进 5,帅五退一,马 5 进 3,车九退一,士 6 进 5,马七退五,炮 8 平 6,帅五退一,红方略优。

②炮五平三,车 3 平 7,兵七平六,车 7 进 2,兵六进一,炮 8 进 2,帅五进一,车 7 进 1,帅五进一,车 7 平 2,兵六进一,士 6 进 5,兵六进一,将 5 平 6,车七平六,将 6 进 1,车六平三,炮 8 平 7,马七进六,红方优势。

16. ……………　卒 7 进 1

黑方如改走炮 8 平 3,红方则兵七进一,卒 7 进 1,兵七进一,红方弃子有攻势。

17. 兵七进一　炮 8 平 3　　18. 兵七进一　炮 5 进 4

19. 仕六进五　马 7 进 6　　20. 兵七进一　车 7 平 4

21. 兵七进一　炮 3 平 4

黑方以改走炮3退5为宜。

22. 车八退四　士4进5　　23. 车八平四　车4平3

24. 相七进九　车3退4

和势。

第6局　　红两头蛇对黑车巡河(六)

1. 炮二平五　马8进7　　2. 马二进三　车9平8

3. 车一平二　炮8进4　　4. 兵三进一　炮2平5

5. 兵七进一　马2进3　　6. 马八进七　车1平2

7. 车九平八　车2进4　　8. 炮八平九　车2平8

9. 车八进六　炮8平7　　10. 车八平七　前车进5

11. 马三退二　车8进9　　12. 车七进一　车8平7

13. 车七进二　车7平8　　14. 炮五平三　车8退3(图6)

黑方如改走卒5进1,红方则仕六进五,
车8退3,车七进三,炮7平9,炮三平一,炮9
平5,马七进五,车8平5,炮九进四,车5平
1,炮一平五,红方优势。

如图6形势,红方有两种走法:炮九进四
和兵一进一。现分述如下:

第一种走法:炮九进四

15. 炮九进四　••••••••

红方如改走仕六进五,黑方则炮7平9,
帅五平六,炮9进3,帅六进一,炮5平4,车
七退二,士4进5,炮九进四,车8退2,车七
进二,士5退4,车七退三,车8平4,仕五进
六,车4平2,帅六平五,双方对抢先手。

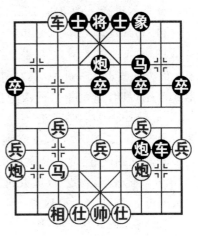

图6

15. ••••••••　炮7平9　　16. 炮九进三　炮9进3

17. 炮三退二　车8平7　　18. 相七进五　车7进1

19. 帅五进一

红方易走。

第二种走法:兵一进一

15. 兵一进一　车8进1

黑方如改走卒 5 进 1,红方则仕六进五,卒 5 进 1,帅五平六,士 6 进 5,车七退三,卒 5 进 1,炮九平八,红方优势。

16.兵七进一　卒 5 进 1

黑方如改走炮 7 平 9,红方则兵七平六,炮 9 进 3,炮三退二,红方易走。

17.仕六进五　卒 5 进 1　　18.兵五进一　马 7 进 5

19.兵七平六

红方优势。

第7局　红两头蛇对黑车巡河(七)

1.炮二平五　马 8 进 7　　2.马二进三　车 9 平 8

3.车一平二　炮 8 进 4　　4.兵三进一　炮 2 平 5

5.兵七进一　马 2 进 3　　6.马八进七　车 1 平 2

7.车九平八　车 2 进 4　　8.炮八平九　车 2 进 8

9.车八进六　炮 8 平 7　　10.车八平七　前车进 5

11.马三退二　车 8 进 9　　12.车七进一　车 8 平 7

13.车七进二　卒 7 进 1　　14.炮九进四　…………

红方如改走兵三进一,黑方则炮 7 进 1,马七进六,炮 7 平 1,相七进九,车 7 退 5,车七退四,炮 5 进 4,仕六进五,车 7 平 3,兵七进一,双方局势平稳。

14.…………　卒 7 进 1

黑方如改走车 7 平 8,红方则兵三进一,炮 7 进 3,仕四进五,炮 7 退 2,仕五退四,炮 7 平 3,车七平八,车 8 退 4,炮九进三,车 8 平 3,兵三进一,红方弃子有攻势。

15.炮九进三　车 7 平 8

16.炮五平三(图 7)　…………

如图 7 形势,黑方有两种走法:马 7 进 8 和车 8 退 2。现分述如下:

第一种走法:马 7 进 8

16.…………　马 7 进 8

17.马七进六　马 8 进 6

18.车七退二　士 4 进 5

19.炮三平八　…………

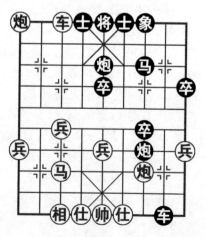

图 7

红方先退车拦炮,再平炮做杀,次序井然。

19.………… 炮7进3　　20.仕四进五　炮5进4

21.帅五平四　炮5平2

黑方亦可改走炮7平4,红方如帅四进一,黑方则炮4退1,仕五退六,车8退1,帅四进一,炮5平2,车七进二,士5退4,车七平八,炮4平1,车八退六,炮1退8,马六进五,炮1进2,马五退四,卒7平6,车八平五,士4进5,黑方易走。

22.车七进二　士5退4　　23.车七平八　炮7平4

24.帅四进一　车8退1　　25.帅四进一　马6进4

26.帅四平五　马4进3　　27.帅五平四　马3退4

28.帅四平五　将5进1　　29.车八退一　将5进1

30.车八退一　将5退1　　31.马六进七　马4进3

32.帅五平六　将5平6　　33.炮九退一

红胜。

第二种走法:车8退2

16.………… 车8退2　　17.车七平八　马7进6

黑方如改走车8平7,红方则马七进六,车7进2,马六进七,红方攻势强大,黑方难应。

18.炮三退一　车8进1　　19.炮三退一　车8进1

20.车八退四　士4进5　　21.车八平四　车8平7

22.车四平八　士5退4　　23.马七进六　车7平9

黑方如误走炮5进4,红方则马六进五,炮7进1,车八退二(如帅五进一,则车7退1,帅五进一,炮5平8,黑胜),炮5退2,马五进七,红方大占优势。

24.车八进四　将5进1　　25.车八退一　将5退1

26.马六进七　炮7进3　　27.帅五进一　车9退1

28.帅五进一　车9退2　　29.车八退五　车9平5

30.车八平五　炮5进4　　31.炮九退三

双方各有顾忌。

第8局　红两头蛇对黑车巡河(八)

1.炮二平五　马8进7　　2.马二进三　车9平8

3.车一平二　炮8进4　　4.兵三进一　炮2平5

5.兵七进一　马2进3　　6.马八进七　车1平2

7. 车九平八　　车2进4　　8. 炮八平九　　车2平8

9. 车八进六　　炮8平7　　10. 车二平一 ·············

红方平车避兑，是力求稳健的走法。

10. ·············　炮5平6　　11. 车八平七　　象7进5

12. 炮五进四 ·············

红方炮打中卒，是简化局势的走法。

12. ·············　马3进5

13. 车七平五　　炮6进5（图8）

黑方进炮捉车兑炮，可使红方兵种不整，是必走之着。

如图8形势，红方有两种走法：车五平九和车五平四。现分述如下：

第一种走法：车五平九

14. 车五平九 ·············

红方平车吃卒，虽可捞取实惠，但是红车离开要道，亦有所失。

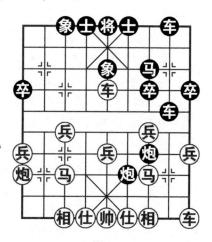

图 8

14. ·············　炮6平1　　15. 相七进九　　卒7进1

16. 车九平三　　卒7进1　　17. 车三退二　　马7进6

18. 马三退五 ·············

红方先退马窝心，虽然可以摆脱黑方牵制，也可给一路底车让出通道，但是窝心马的弊病也易被黑方抓住。如改走兵五进一，则可下伏兵五进一威胁黑方肋马的手段，似乎要比实战走法好。

18. ·············　后车平7　　19. 车三进五　　象5退7

20. 车一进二　　炮7退5

黑方退炮准备补架中炮，攻击红方窝心马，攻击点十分准确。

21. 车一平六　　炮7平5　　22. 车六进三　　车8进3

黑方进车捉马进行交换，仍可牵制红方窝心马，不失为紧凑的走法。

23. 车六平四　　车8进3　　24. 车四平七 ·············

红方如改走车四平五，黑方则车3平1，红方窝心马也难调整，黑方仍占优势。

24. ·············　车3平1　　25. 车七进四　　车1退1

黑方残局占优。

16

第二种走法:车五平四

14. 车五平四　炮6平1　　15. 相七进九　卒7进1

黑方如改走前车进3,红方则马三退五,士6进5,相九退七,后车平6,车四进三,士5退6,车一进二,车8退1,兵一进一,士4进5,相七进五,车8退2,车一平三,炮7平9,车三进一,炮9进2,兵五进一,车8平4,马五进三,炮9平3,车三平八,红方优势。

16. 兵三进一　前车平7　　17. 马三退五　士6进5
18. 车一进二　车8进6　　19. 兵一进一　卒1进1
20. 车一平四　炮7进2　　21. 后车平三　车7进3
22. 马五进三　车8平7　　23. 马三退五　炮7平9
24. 车四退四　马7进8　　25. 车四平一　炮9平6
26. 车一平二　马8退　　27. 车二平四　炮6平8
28. 车四平三　马7进6　　29. 车三进一　马6进7

红方残局稍好。

第9局　红两头蛇对黑车巡河(九)

1. 炮二平五　马8进7　　2. 马二进三　车9平8
3. 车一平二　炮8进4　　4. 兵三进一　炮2平5
5. 兵七进一　马2进3　　6. 马八进七　车1平2
7. 车九平八　车2进4　　8. 炮八平九　车2平8
9. 车八进六　炮8平7　　10. 车二平一　炮5平6
11. 车八平七　象7进5　　12. 兵七进一　…………

红方献兵,是急攻的走法。

12. …………　士6进5

黑方补士,是保持变化的着法。

13. 马七进六　卒7进1(图9)

如图9形势,红方有两种走法:马六进五和兵三进一。现分述如下:

第一种走法:马六进五

14. 马六进五　…………

红方如改走兵七平六,黑方则卒7进1,马六进八,马3退1,兵六平五,炮6进1,车七退二,卒7平8,前兵进一,马7进5,炮五进四,前车平2,黑方优势。

14. …………　马3进5

17

15. 炮五进四　卒7进1

16. 相三进五　卒7平6

17. 车七进三　炮6进1

18. 炮五退二　卒6平5

19. 车七退三　后车进3

20. 炮九平八　将5平6

21. 兵五进一　前车平3

22. 车一平二　车3平8

黑方优势。

第二种走法：兵三进一

14. 兵三进一　前车平7

15. 马六进五　马3进5

16. 炮五进四　马7进6　　　17. 兵七平六　·········

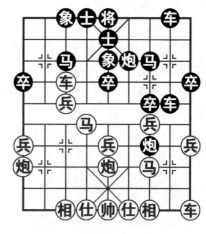

图9

红方如改走炮五退二，黑方则马6进4，兵七平六，马4进2，仕四进五，炮7平8，相三进五，炮6平7，车一平四，炮7进5，车四进八，象3进1，车七平五，炮8进3，炮五进三，士5进6，炮五平八，士4进5，炮八平五，士5退4，绝杀，黑胜。

17. ·········　马6进4　　　18. 炮五退二　马4进2

19. 仕四进五　炮7平8

黑方如改走车7平4，红方则相三进五，车4平5，炮九平八，车5平3，车七退一，马2退3，车一平四，炮6平7，车四进三，后炮进5，炮八平三，炮7退4，炮五平七，车8进3，黑可抗衡。

20. 相三进五　炮6平7　　　21. 马三退二　车7进2

22. 马二进一　车7平5　　　23. 车一平三　车5退1

24. 车三进七　炮8平1　　　25. 车三退一　卒9进1

26. 炮九平八　卒1进1　　　27. 车三平二　车8进3

28. 车七平二　车5进1

黑方残局易走。

第10局　红两头蛇对黑车巡河（十）

1. 炮二平五　马8进7　　　2. 马二进三　车9平8

3. 车一平二　炮8进4　　　4. 兵三进一　炮2平5

5. 兵七进一　马2进3　　　6. 马八进七　车1平2

18

7. 车九平八　　车2进4　　8. 炮八平九　　车2平8

9. 车八进六　　炮8平7　　10. 车二平一　　炮5平6

11. 车八平七　　象7进5　　12. 兵七进一　　前车平3

13. 车七退一　　象5进3　　14. 马七进六　　车8进4

黑方高车巡河,置中路弱点于不顾,是正确的选择,否则红方有马六进四踩双的手段。

15. 马六进五　　马3进5　　16. 炮五进四　　炮6平3

17. 炮五退一　　…………

红方退炮拦车(黑车不能吃,因红有炮九平五打死车的棋),正着。如改走炮五退二,则炮3进7,仕六进五,卒7进1,兵三进一,车8平7,黑方马路活通,红方无便宜可占。

17. …………　　炮3进7　　18. 仕六进五　　炮7平1

19. 兵五进一　　炮1退2

黑方退炮邀兑,减轻中路压力,势在必行。如改走车8进2,则车一平二,车8平2,车二进七,红方主动。

20. 车一平二　　车8进5

21. 马三退二(图10)　　…………

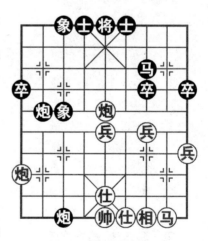

如图10形势,黑方有两种走法:炮3平2和炮1平5。现分述如下:

第一种走法:炮3平2

21. …………　　炮3平2

黑方平炮,空着。

22. 马二进三　　炮1平5

23. 兵五进一　　象3进5

24. 炮九平五　　士4进5

黑方补士,单纯防守之着。应走炮2退8,红方如接走马三进四,黑方则炮2平7,以下红方无续攻手段,黑方可望守和。

图10

25. 马三进四　　卒7进1　　26. 兵三进一　　象5进7

27. 兵五平四　　象7退5　　28. 兵四平三　　炮2退6

黑方以改走卒9进1为宜。

29. 兵三进一　　马7退8　　30. 兵一进一　　卒1进1

19

31. 兵三平二　马 8 进 7　　32. 兵二平三　马 7 退 8

33. 炮五平四　··········

红方卸中炮,控制黑马,是取势要着。

33. ··········　炮 2 进 2　　34. 兵三平二　将 5 平 4

黑方如改走炮 2 平 9,红方则兵二进一,黑方要丢马。

35. 兵二进一　炮 2 退 4　　36. 炮四平一

红方优势。

第二种走法:炮 1 平 5

21. ··········　炮 1 平 5

黑方兑炮,是改进后的走法。

22. 兵五进一　象 3 退 5　　23. 炮九平三　··········

红方如改走炮九平五,黑方则炮 3 退 8,兵五平四,炮 3 平 5,兵四进一,炮 5 进 6,相三进五,卒 9 进 1,和势。

23. ··········　炮 3 退 8　　24. 炮三进四　炮 3 平 9

25. 马二进三

红方稍好。

第 11 局　红两头蛇对黑车巡河(十一)

1. 炮二平五　马 8 进 7　　2. 马二进三　车 9 平 8

3. 车一平二　炮 8 进 4　　4. 兵三进一　炮 2 平 5

5. 兵七进一　马 2 进 3　　6. 马八进七　车 1 平 2

7. 车九平八　车 2 进 4　　8. 炮八平九　车 2 平 8

9. 车八进六　炮 8 平 7　　10. 车二平一　炮 5 平 6

11. 车八平七　象 7 进 5(图 11)

如图 11 形势,红方有两种走法:炮九进四和仕四进五。现分述如下:

第一种走法:炮九进四

12. 炮九进四　··········

红方炮击边卒,是谋取实惠之着。

12. ··········　马 3 进 1

以往黑方曾走士 6 进 5,红方则炮九平五,马 3 进 5,炮五进四,前车进 3,马三退五,炮 6 进 6,炮五退二,后车平 7,相七进五,车 6 进 6,车七平六,炮 6 平 8,黑方有强大攻势。

13. 炮五进四　士6进5

14. 炮五平九　前车进3

15. 马三退五　前车平6

16. 相三进五　将5平6

17. 马五退三　车6退3

18. 仕四进五　炮6退1

19. 炮九平三　车8进3

20. 炮三退三　车8平3

21. 炮三进四　车3平8

22. 车一进二　炮6平9

23. 马七进六　车6退2

24. 炮三进一　车8平4

25. 马六退七　车4平7

26. 炮三平二　车7平8　27. 炮二平三　炮9平8

黑方易走。

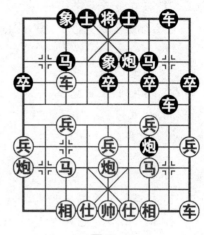

图11

第二种走法:仕四进五

12. 仕四进五　…………

红方补仕,巩固阵形。

12. …………　卒7进1　13. 马七进六　卒7进1

14. 马六进五　马3进5　15. 炮五进四　士6进5

16. 相三进五　…………

红方可改走炮五平九,这样较为灵活多变。

16. …………　后车进3

黑方进车拴链红方车炮,是紧凑的走法。

17. 相五进三　炮6退2　18. 炮五平四　炮7平6

黑方平炮拦炮,并挡住红相退路,为攻击创造有利条件。

19. 兵七进一　前车平7　20. 车一平二　车8进6

21. 马三退二　车7进1

黑方谋得一相,反击获得初步成效。

22. 相七进五　车7进1　23. 马二进一　车7平9

24. 炮四退二　马7进6　25. 炮四平五　炮6平1

26. 车七平九　炮1平3　27. 车九平五　车9平5

28.仕五进六 …………

红方如改走炮五进三,黑方则象3进5,车五进一,炮3平1,黑方多子占优。

28.………… 车5平9 29.相五退七 车9退1

30.车五退一 炮3平5 31.车五平四 车9平5

32.兵七平六 炮5平2 33.仕六进五 车5平1

34.炮九平八 车1进4 35.车四退二 车1平3

黑方优势。

第12局 红两头蛇对黑车巡河(十二)

1.炮二平五 马8进7 2.马二进三 车9平8

3.车一平二 炮8进4 4.兵三进一 炮2平5

5.兵七进一 马2进3 6.马八进七 车1平2

7.车九平八 车2进4 8.炮八平九 车2平8

9.车八进六 炮8平7 10.车二平一 炮5平6

11.兵五进一 …………

红方冲中兵,攻击黑方中路,是比较流行的走法。

11.………… 士6进5 12.车八退三 …………

红方退车捉炮,是稳健的走法。

12.………… 前车进2(图12)

如图12形势,红方有两种走法:仕四进五和马三退一。现分述如下:

第一种走法:仕四进五

13.仕四进五 …………

红方补仕,巩固阵形。

13.………… 后车进4

黑方如改走炮7平6,红方则车八平5,后炮平5,相三进一,卒9进1,兵一进一,卒9进1,车一平四,炮6退4,车四进六,马7进9,兵五进一,炮5进2,炮五进三,卒5进1,车五进二,象7进5,马七进六,前车平7,车五平一,车7进1,马六退五,车7平5,相七进五,车8进3,相五退三,炮6平9,车一平四,马9进8,炮九平五,车8退3,前车平七,红方优势。

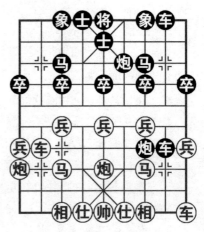

图12

22

14. 车八平五　‥‥‥‥‥‥

红方如改走车八平四,黑方则卒7进1,兵五进一,炮6平5,兵三进一,后车平7,兵五进一,马3进5,炮五进五,象7进5,相三进五,卒3进1,车一平四,卒3进1,相五进七,车7平3,相七进五,马5进7,前车平五,炮7平6,双方均势。

14. ‥‥‥‥‥‥　炮6平5　　15. 马七进八　后车平2

16. 车一平二　车8进3　　17. 马三退二　炮7进2

18. 马八退七　车2平8　　19. 马二进三　炮7退3

黑方易走。

第二种走法:马三退一

13. 马三退一　前车平9

黑方如改走炮7平9,红方则车八平二,炮9进3,车二进六,马7退8,马一进二,红方先手。

14. 车八平四　车8进4　　15. 炮五进一　炮6平5

16. 炮五平三　卒5进1　　17. 仕四进五　卒5进1

18. 相三进五　马7进5　　19. 车四平八　马5进6

20. 炮九退一　马3进5　　21. 车一平三　卒5平4

22. 车八平四　卒4进1　　23. 马七进六　车8平4

24. 炮三平二　象7进9　　25. 马一进三　马2进4

26. 车四进一　车9平8

黑方易走。

第13局　　红两头蛇对黑车巡河(十三)

1. 炮二平五　马8进7　　2. 马二进三　车9平8

3. 车一平二　炮8进4　　4. 兵三进一　炮2平5

5. 兵七进一　马2进3　　6. 马八进七　车1平2

7. 车九平八　车2进4　　8. 炮八平九　车2平8

9. 车八进六　炮8平7　　10. 车二平一　炮5平6

11. 兵五进一　士6进5　　12. 马七进五　‥‥‥‥‥‥

红方进马盘头,是急攻的走法。

12. ‥‥‥‥‥‥　卒7进1　　13. 兵五进一　卒7进1(图13)

如图13形势,红方有两种走法:马五进三和车八平七。现分述如下:

第一种走法:马五进三

14. 马五进三　前车平7

15.前马退五　卒5进1

16.车八平七　象7进5

17.车七平四　车8进5

黑方进车骑河,着法积极。

18.车一平二　车8进4

19.马三退二　炮7平8

20.兵七进一　马7进8

21.车四退一　车7平6

22.马五进四　象5进3

23.马二进三　象3退5

黑方易走。

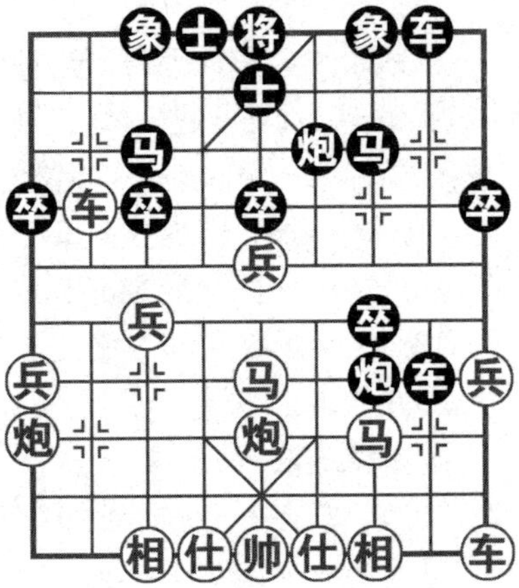

第二种走法:车八平七

14.车八平七　卒7平6

黑方如改走象7进5,红方则兵五进一,后车进3,炮九平七,红方优势。

15.车七进一　象7进5　　16.车七进一　炮6退1

17.车七退一　卒6进1　　18.马五进六　炮6进1

19.车七进一　前车平5　　20.兵七进一　马7进8

至此,形成红方多子、黑方先手的二分局面。

图13

第14局　红两头蛇对黑车巡河(十四)

1.炮二平五　马8进7　　2.马二进三　车9平8

3.车一平二　炮8进4　　4.兵三进一　炮2平5

5.兵七进一　马2进3　　6.马八进七　车1平2

7.车九平八　车2进4　　8.炮八平九　车2平8

9.车八进六　炮8平7　　10.车二平一　炮5平6

11.兵五进一　象7进5

黑方飞中象,固防。

12.马七进五　············

红方亦可改走车八退三,黑如接走前车进2(如炮7平5,则车一平二,红方先手),红方则马三退一,前车平9,车八平四,士6进5,炮五进一,车8进8,车四进四,士5进6,炮五平一,红方优势。

12.············　士6进5(图14)

24

如图 14 形势,红方有两种走法:车八平七和兵五进一。现分述如下:

第一种走法:车八平七

13.车八平七　　炮 7 平 6

黑方平炮,下伏前炮退 3 打死车的手段,红方只有逃车,黑方布局取得成功。

14.车七平六　　后炮进 1

黑方如改走前炮退 3,红方则车六退五,卒 7 进 1,兵五进一,卒 5 进 1,兵七进一,卒 5 进 1,炮五进二,卒 7 进 1,马五进三,前车平 7,相三进五,前炮平 5,也是黑方易走。

15.车六退五　　马 3 进 4

16.车六进三　　马 4 进 2

17.炮九退一　　马 2 退 3　　18.车六退三　　卒 7 进 1

19.炮九平七　　卒 7 进 1　　20.炮五平七　　卒 7 进 1

21.马三退五　　马 7 进 6

黑方子力灵活,反夺主动权。

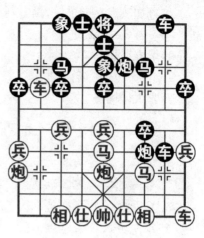

图 14

第二种走法:兵五进一

13.兵五进一　　…………

红方冲中兵直攻中路,正着。

13.…………　　卒 5 进 1　　14.车八平七　　…………

红方如改走马五进六,黑方则卒 5 进 1,马六进五(如兵七进一,则卒 5 平 4,车八平七,炮 7 平 3,车七平三,马 3 进 4,兵七平六,炮 3 平 7,车三平四,卒 4 平 5,兵六平五,双方对抢先手),象 3 进 5,炮五进五,将 5 平 6,炮五平三,马 3 进 5,炮九进四,后车进 2,黑方优势。

14.…………　　卒 7 进 1

黑方如改走卒 5 进 1,红方则炮五进二,卒 7 进 1,炮九平五,后车进 3,兵七进一,马 3 进 5,兵七平六,卒 7 进 1,马五进三,红方有攻势。

15.车七平三　　马 7 退 9

黑方如改走卒 7 进 1,红方则车三退二,前车平 7,车三进一,象 5 进 7,兵七进一,红方主动。

16.炮五进三　　…………

25

红方如改走兵七进一,黑方则卒7进1,车三退二,后车平7,兵七进一,马3进5,车一平二,车8进5,马三退二,马5进3,车三平七,车7进4,炮九平七,卒5进1,黑方反先。

16.⋯⋯⋯⋯⋯ 卒7进1　　17.车三退二　后车平7
双方大体均势。

第15局　红两头蛇对黑车巡河(十五)

1.炮二平五　马8进7　　2.马二进三　车9平8

3.车一平二　炮8进4　　4.兵三进一　炮2平5

5.兵七进一　马2进3　　6.马八进七　车1平2

7.车九平八　车2进4　　8.炮八平九　车2平8

9.车八进六　炮5平6

黑方卸中炮,调整阵形,是稳健的走法。

10.车八平七　⋯⋯⋯⋯⋯

红方平车杀卒压马,谋取实惠。

10.⋯⋯⋯⋯⋯ 象7进5　　11.炮五进四　⋯⋯⋯⋯⋯

红方炮打中卒后,虽被黑方兑掉双炮,但可以谋取多兵之利,不失为简明有力的走法。

11.⋯⋯⋯⋯⋯ 马3进5　　12.车七平五　炮6进5

黑方逼迫红方兑炮,争取以兵种之利削弱红方的多兵攻势,正着。如改走炮8平7,则车五平四,士6进5,车四退三,红方优势。

13.车五平四　⋯⋯⋯⋯⋯

红方亦可车五平九再吃一卒,黑方如接走炮6平1,红方则相七进九,炮8平7,车二进五,炮7进3,仕四进五,车8进4,车九平三,马7退8,兵五进一,马8进6,车三平四,马6进8,车四退二,士4进5,马七进五,炮7平9,兵九进一,双方各有千秋。

13.⋯⋯⋯⋯⋯ 炮6平1　　14.相七进九　炮8平7

黑方如改走炮8进1,红方则马七进六,前车平4,马六进四,卒7进1,兵三进一,马7进6,兵三平四,红方易走。

15.车四退三　⋯⋯⋯⋯⋯

红方退车瞄炮,着法含蓄有力。

15.⋯⋯⋯⋯⋯ 前车进5　　16.马三退二　炮7进2

17. 马二进一 ·············

红方如改走马二进三,黑方则卒7进1,兵三进一,炮7退4,相三进五,车8进7,马七退五,马7进5,相九退七,车8退4,马三进四,车8平6,马五进三,车6进1,兵五进一,炮7退3,兵五进一,车6平5,马四进五,车5退1,车四进五,炮7进5,仕四进五,士4进5,车四退五,炮7退2,车四平七,车5进1,双方均势。

17. ············· 车8进7

黑方如改走炮7平9,红方则马七进六,也是红方优势。

18. 马七进六(图15) ·············

如图15形势,黑方有两种走法:炮7平8和炮7平9。现分述如下:

第一种走法:炮7平8

18. ············· 炮7平8

19. 马六进四 马7进5

20. 车四退二 车8平9

21. 车四平二 车9退1

22. 仕六进五 ·············

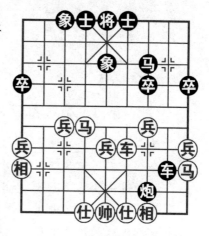

图 15

红方如改走相三进五,黑方则士4进5,车二平四,卒7进1,相九退七,士5进4,兵五进一,卒7进1,马四进二,士6进5,车四进五,马5进4,马二退三,车9平1,车四平一,车1退2,车一平六,马4进3,兵五进一,象5进7,车六退四,马3退1,仕四进五,象3进5,车六退四,马1进3,兵五平六,马3退4,兵七进一,红方优势。

22. ············· 车9平6   23. 马四进六 车6退5

黑方如改走士4进5,红方则车二进四,士5进4,车二平五,也是红方多兵,大占优势。

24. 兵七进一 马5进4   25. 车二进一 车6平4

26. 兵七平六 卒7进1   27. 车二平六 马4进2

黑方如改走马4进6,红方则车六平四,马6退8,兵三进一,象5进7,车四进二,红亦大占优势。

28. 车六平八 马2退4   29. 兵三进一 象5进7

30. 兵五进一 车4进1   31. 相九进七 车4平3

32.相三进五

红方胜势。

第二种走法:炮7平9

18.…………　炮7平9

黑方平边炮,也是一种应法。

19.马六进四　马7退8　　20.马四进六　士4进5

21.马六进七　将5平4　　22.兵五进一　车8平4

23.仕六进五　车4退5　　24.兵五进一　车4平3

25.马七进九　马8进9　　26.兵五进一　卒9进1

27.车四平六　将4平5　　28.马一进三　马9进8

29.马三进五

红方多兵占优。

第16局　　红两头蛇对黑车巡河(十六)

1.炮二平五　马8进7　　2.马二进三　车9平8

3.车一平二　炮8进4　　4.兵三进一　炮2平5

5.兵七进一　马2进3　　6.马八进七　车1平2

7.车九平八　车2进4　　8.炮八平九　车2平8

9.车八进六　炮5平6　　10.车八平七　象7进5

11.炮五进四　马3进5　　12.车七平五　炮6进5

13.车五平四　炮6平1　　14.相七进九　卒7进1

黑方兑7卒,是改进后的走法。

15.兵三进一　…………

红方如改走车四平三,黑方则炮8平7,车三进一,前车进5,马三退二,车8进9,马七进六,以下黑方有两种走法:

①车8平7,马六进四,士4进5,车三退一,炮7平1,马四进六,士5进4,兵三进一,炮1平9,车三平一,车7退3,兵五进一,象5进7,兵七进一,象7退5,兵七进一,车7平4,兵七进一,红方易走。

②士4进5,马六进四,炮7平1,车三退一,炮1平9,车三平一,炮9进3,相三进五,卒7进1,相五进三,卒1进1,双方均势。

15.…………　前车平7　　16.马三进四　炮8平6

17.车二进九　炮6退3

18.车二退三　车7平6(图16)

黑方如改走炮6退2,红红则车二平三,车7退1,马四进三,炮6平7,马三退五,士6进5,马七进六,马7进8,马五退三,士5进4,马六进七,炮7平1,马七进八,士4进5,马八退九,炮1进5,双方大体呈均势。

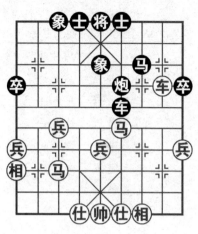

图16

如图16形势,红方有两种走法:车二平三和马四退六。现分述如下:

第一种走法:车二平三

19.车二平三　车6进1

20.车三进一　炮6平3

21.马七进八　炮3退2

22.车三退一　车6进1

23.车三平九　⋯⋯⋯⋯

红方如改走车三平一,黑方则车6平5,仕六进五,车5平1,相三进五,卒1进1,相九退七,车1平2,马八进九,车2退4,兵七进一,车2平1,兵七平八,炮3平1,兵八平九,炮1进2,兵九进一,车1平4,兵一进一,车4进4,兵九平八,士4进5,兵一进一,车4退2,双方大体均势。

23.⋯⋯⋯⋯　车6平5　　24.仕六进五　车5平2

25.马八进七　炮3平5　　26.相三进五　炮5进6

27.仕五进四　车2平9　　28.马七退五　士4进5

双方各有顾忌。

第二种走法:马四退六

19.马四退六　马7进8　　20.仕六进五　⋯⋯⋯⋯

红方如改走兵五进一,黑方则马8进9,车二平一,马9进7,仕六进五,马7退8,车一平二,马8进6,车二平三,车6平4,车三平四,车4进2,兵九进一,车4平3,马七退六,车3平1,和势。

20.⋯⋯⋯⋯　马8进9　　21.相九退七　⋯⋯⋯⋯

这里,红方另有两种走法:

①兵五进一,炮6退2,车二退三,马9退8,兵五进一,炮6平8,兵五平四,炮8进5,马六进八,卒1进1,马八进七,马8进7,兵四进一,炮8退1,双方各有顾忌。

29

②马七进六,车6平4,车二平四,车4进1,马六退八,马9退7,车四平九,马7进5,车九平一,双方均势。

21.…………	马9退7	22.车二平一	马7进8
23.相七进五	马8退6	24.车一平三	炮6退2
25.车三平六	车6平2	26.帅五平六	车2退3
27.马七进八	炮6平4	28.马八进七	车2进8
29.帅六进一	炮4进5	30.车六退三	士4进5
31.车六进五	车2退7	32.马七退六	马6退8

33.兵五进一

红方多兵稍优。

第17局　　红两头蛇对黑车巡河(十七)

1.炮二平五	马8进7	2.马二进三	车9平8
3.车一平二	炮8进4	4.兵三进一	炮2平5
5.兵七进一	马2进3	6.马八进七	车1平2
7.车九平八	车2进4	8.炮八平九	车2平8
9.车八进六	炮5平6	10.兵五进一	…………

红方冲中兵,直攻中路。

10.…………　士6进5　　11.车八退三　…………

红方退车,是常见的走法。如改走马七进五,则炮8平7,车二平一,象7进5,兵五进一,卒5进1,车八平七,卒7进1,车七平三,卒5进1,炮五进二,卒7进1,车三退二,马7进6,炮五平四,炮7平1,炮四进三,马6进5,马三进五,士5进6,仕四进五,士6退5,车三进二,马3进4,马五进六,前车平4,炮九进四,卒9进1,车三退三,炮1退2,炮九平五,车4平6,和势。

11.…………　象7进5　　12.马七进八　…………

红方马跃车前,构思极为巧妙!

12.…………　炮8进2

黑方进炮封车,是改进后的走法。如改走卒3进1(如前车平2,则车八平二,车8进6,车二进三,车2进1,车二进五,马7退6,车二平四,红方占优),则兵七进一,象5进3,炮九平七,象3进5,车八平四,炮8进2,兵五进一,卒7进1,马三进五,卒7进1,兵五进一,卒7平6,车四进一,炮8平5,仕六进五,前车进5,兵五进一,马7进8,兵五进一,士4进5,车四进三,马3退4,车四进一,

30

红胜。

13. 马八进七　卒7进1

14. 兵五进一　炮6进1（图17）

如图17形势，红方有两种走法：马七进五和兵七进一。现分述如下：

第一种走法：马七进五

15. 马七进五　…………

红方弃马踩卒，着法凶悍！

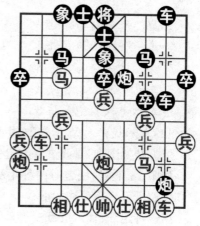

图17

15. …………　象3进5

16. 炮九平七　炮8平3

17. 车二进五　车8进4

18. 车八退二　炮3退3

19. 炮七进五　炮3平5

20. 仕六进五　卒7进1

21. 炮七平三　车8平5　　22. 车八进二　车5平7

23. 炮三平一　炮6平7　　24. 车八平五　卒7平6

25. 马三退一　车7进4　　26. 炮五进二　卒6平5

27. 车五进一　车7平9　　28. 车五进二　车9平7

29. 相三进五　象5退3　　30. 车五平九

红方残局占优。

第二种走法：兵七进一

15. 兵七进一　…………

红方进兵，是改进后的走法。

15. …………　卒7进1

黑方如改走象5进3，红方则车八平七，炮6平3，车七进二，红方先弃后取，占优。

16. 车八进四　炮6平3　　17. 兵七进一　卒7进1

18. 兵七进一　卒7进1　　19. 兵七进一　卒7进1

20. 兵七平六　前车平7　　21. 兵五进一　卒7进1

22. 兵五进一　将5平6　　23. 车八退一　车7平6

24. 车二平三　炮8进1　　25. 仕六进五

红方胜势。

31

第18局　红两头蛇对黑车巡河(十八)

1.炮二平五	马8进7	2.马二进三	车9平8
3.车一平二	炮8进4	4.兵三进一	炮2平5
5.兵七进一	马2进3	6.马八进七	车1平2
7.车九平八	车2进4	8.炮八平九	车2平8
9.车八进六	炮5平6	10.兵五进一	士6进5

11.车八退三　炮6平5(图18)

黑方补架中炮,是改进后的走法。

如图18形势,红方有两种走法:仕六进五和仕四进五。现分述如下:

第一种走法:仕六进五

12.仕六进五　…………

红方如改走马七进六,则炮8进2,马六进七,前车进2,车八平二,车8进6,马七进五,象7进5,兵七进一,象5进3,炮五平七,象3退5,炮七进四,车8退6,仕四进五,马3退2,相三进五,卒7进1,兵三进一,象5进7,双方均势。

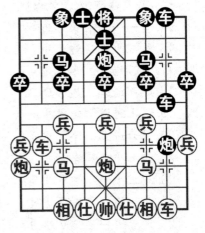

图18

12.…………　卒3进1

黑方兑3路卒,佳着,及时、有力。

13.马三进四	炮8进1	14.兵三进一	前车平7

15.马四退二　…………

红方退马嫌软,以改走车八平二为宜。

15.…………	炮8平3	16.炮五平二	炮5进3
17.相七进五	炮5平8	18.炮二平七	炮8进4
19.马二进三	卒7进1	20.兵七进一	马3退1
21.车八进五	象7进5	22.车八平九	…………

红方如改走炮九退一,黑方则车8进6,炮九平七,将5平6,车八平九,车8平1,黑方胜势。

22.…………	车8进6	23.车九平八	车8平3

24.炮七退二　车3退2

32

黑方优势。

第二种走法:仕四进五

12.仕四进五　卒7进1　　13.兵三进一　前车平7

14.马七进八　·········

红方如改走马七进六(如车八平二,则车8进6,车二进三,车7进3,黑方优势),黑方则炮8退3占优。

14.·········　炮8退3　　15.马三退一　炮5进3

16.车八平五　炮5退1　　17.炮五进三　卒5进1

18.相三进五　象7进5　　19.马八进七　马7进8

20.车二平三　车7进5　　21.马一退三　马8进6

22.马七退六　炮8进2　　23.马六进七　卒5进1

24.车五平三　炮8进4　　25.马三进二　马3进5

黑方优势。

第19局　红两头蛇对黑车巡河(十九)

1.炮二平五　马8进7　　2.马二进三　车9平8

3.车一平二　炮8进4　　4.兵三进一　炮2平5

5.兵七进一　马2进3　　6.马八进七　车1平2

7.车九平八　车2进4　　8.炮八平九　车2平8

9.车八进六　卒7进1

黑方兑卒活马,并可攻击红方右马,是20世纪70年代流行的走法。

10.兵三进一　·········

红方进兵吃卒,嫌软。

10.·········　前车平7

11.炮五退一(图19)　·········

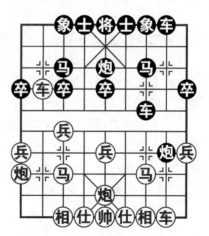

图 19

如图19形势,黑方有两种走法:炮8平7和炮5平6。现分述如下:

第一种走法:炮8平7

11.·········　炮8平7

12.车八平七　马7退5

黑方先退窝心马避捉,是老练的走法。如改走车8进9,则马三退二,马7

退 5,车七退一,马 3 进 4,炮五进五,车 7 平 5,仕六进五,车 5 退 1,车七平六,红方易走。

　　13.车七退一　　车 8 进 4　　14.炮五平七　…………

　　红方平炮,加强七路线的攻防力量。如改走车七平三,则车 8 平 7,相三进五,局面相对平稳。

　　14.…………　　马 3 进 4

　　黑方跃马隔车,是争先夺势的强手。由此,黑方展开反击。

　　15.相七进五　　炮 5 平 8

　　黑方平炮逼兑,准备飞象捉车争先。这是上一回合跃马隔车的后续手段。

　　16.车二进五　　车 7 平 8　　17.车七平八　　炮 8 平 3

　　黑方平炮攻马,可以牵制红方左翼马炮,有利于展开攻势。

　　18.马三退五　　马 5 进 7　　19.车八进二　　马 7 退 5

　　20.车八退六　　马 4 进 6　　21.马七进六　…………

　　红方进马是随手之着,导致败局。应改走相三进五,这样不会导致因丢子而速败。

　　21.…………　　马 6 进 8　　22.马五进七　…………

　　红方如改走马五进三,黑方则马 8 进 7,炮七平四,车 8 平 4,马六退四,车 4 进 3,也是黑方占优。

　　22.…………　　马 8 进 7　　23.帅五进一　　炮 7 平 8

　　黑方大占优势。

　　第二种走法:炮 5 平 6

　　11.…………　　炮 5 平 6　　12.兵五进一　…………

　　红方如改走马三进四,黑方则车 7 进 1,马四进五,马 3 进 5,炮五进五,炮 6 进 1,相七进五,车 7 进 1,车八退一,卒 3 进 1,车八平七,炮 6 进 4,炮五退二,炮 6 平 3,车七平五,象 7 进 5,车五进二,马 7 退 5,车五平二,马 5 进 7,炮九进四,将 5 进 1,黑方多子占优。

　　12.…………　　士 6 进 5　　13.车八退三　　炮 8 平 7

　　14.马七进六　　车 8 进 9　　15.马三退二　　象 7 进 5

　　16.相七进五　　马 7 进 8　　17.马二进一　　车 7 平 4

　　18.马一进三　　马 8 进 7　　19.车八平三　　车 4 进 1

　　20.炮九平七　　车 4 退 1　　21.炮七进四

　　双方平稳。

第20局 红两头蛇对黑车巡河(二十)

1.炮二平五 马8进7 2.马二进三 车9平8

3.车一平二 炮8进4 4.兵三进一 炮2平5

5.兵七进一 马2进3 6.马八进七 车1平2

7.车九平八 车2进4 8.炮八平九 车2平8

9.车八进六 卒7进1 10.车八平七 ……………

红方平车压马,是常见的走法。

10.……………… 卒7进1

黑方弃马吃兵,贯彻预定计划。

11.车七进一 卒7进1 12.车二进二 …………

红方高车保马,佳着。如改走炮九进四,则卒7进1,炮九平七,炮8平7,炮七进三,士4进5,车二进五,炮7进3,仕四进五,车8进4,炮七平九,士5进4,车七进二,将5进1,车七退一,将5退1,马七进六,炮5进4,黑方优势。

12.……………… 前车平7

黑方如改走炮8平5(如卒7进1,则车二平三,红方先手),红方则马三进五,前车进3,车七进二,红方优势。

13.炮五退一 卒7进1

黑方如改走炮8退3,红方则车七退二,卒5进1,马三退二,炮8进6,车二进七,马7退8,车七平五,车7平5,炮五进四,士6进5,马七进六,马8进7,相七进五,红方易走。

14.车二平三 车7进3

15.炮九平三 炮8进3(图20)

如图20形势,红方有两种走法:车七退二和炮五平八。现分述如下:

第一种走法:车七退二

16.车七退二 象7进9

这里,黑方另有两种走法:

①车8进8,炮五平九,马7进8,仕六进

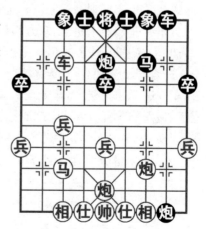

图20

五,车8退1,炮三平六,炮5进4,炮六平五,炮5退1,帅五平六,象7进5,车七平六,士6进5,炮五进四,将5平6,马七进五,马8退7,炮五平三,红方先手。

②马7进8,车七平四,马8进9,炮五进五,士6进5,炮三平四,车8进3,马七进六,车8平7,炮四平七,象3进1,相七进五,马9进8,炮七平八,马8进6,车四退四,炮8平9,帅五进一,象1退3,兵七进一,车7进6,马六进四,车7退5,炮八进三,炮9退5,马四进五,红胜。

17.炮五平八　　马7进8

黑方如改走车8进7,红方则炮八进一,车8进1(如炮5平6,则车七进四,炮8平9,车七退二,红方优势),相七进五,马7进8,以下红方有两种走法:

①车七进四,车8平2,炮八进七,马8进6,车七退二,士4进5,车七进二,士5退4,炮三平四,象9退7,炮八平六,马6进5,炮六退五,将5进1,车七退一,将5退1,车七平二,车2平7,仕六进五,车7进1,黑方优势。

②车七平四,马8进9,炮三平四,车8平2,炮八进三,马9进8,炮八平六,炮8平6,炮四平二,炮6退2,车四退二,炮6平3,炮二平七,车2平7,炮七进一,车7平4,炮七进六,将5进1,兵七进一,车4退2,仕六进五,车4平5,车四进六,马8退7,帅五平四,马7进8,帅四平五,马8退7,双方不变作和。

18.炮三平五　··········

这里,红方另有两种走法:

①车七平四,炮5平7,相七进五,马8进7,车四退二,炮7进5,马七退五,炮7进1,炮八平三,马7进9,炮三进一,车8进6,相五退七,象3进5,炮三平九,炮8平9,车四退一,马9退7,车四进一,马7进8,炮九退一,象9退7,炮九平二,车8进2,相七进五,双方均势。

②车七进四,马8进6,车七退二,象9退7,炮三平五,炮8平9,炮八进八,士4进5,车七进二,士5退4,炮五进四,马6退5,车七退三,士4进5,车七平五,车8进7,马七进六,车8退2,炮八退五,车8进1,相七进五,炮5进4,仕六进五,炮5平9,车五平九,红方优势。

18.·········· 马8进6	19.车七进四 炮5平6
20.马七进六 炮6进7	21.帅五进一 炮6平3
22.车七平九 车8进4	23.马六进五 马6退5
24.车九退三 车8平2	25.炮八平六 炮3平1
26.车九平五 士4进5	27.炮五平二 车2进4
28.车五平三 炮1退1	29.炮二进七 象9退7
30.车三进三	

对攻中红方占优。

第二种走法:炮五平八

16.炮五平八 ……………

红方卸中炮,准备从侧翼进攻,也是一种应法。

16.……… 马7进8 17.炮三平五 …………

红方平炮,威胁黑方中卒,正着。如改走车七进二,则马8进6,炮三平四,车8进7,仕六进五,车8平7,炮八进八,车7进2,帅五平六,炮5平4,帅六进一,炮8退1,帅六退一,炮8进1,帅六进一,马6进4,炮四平六,马4退2,炮六进七,马2进3,车七退二,将5平4,车七平六,将4平5,黑方多子,大占优势。

17.……… 马8进6 18.炮八进三 马6进5

19.相七进五 车8进7 20.炮八退二 炮5进4

21.仕六进五 炮5退1 22.车七进一

红方优势。

第二节 黑过河车变例

第21局 红两头蛇对黑过河车(一)

1.炮二平五 马8进7 2.马二进三 车9平8

3.车一平二 炮8进4 4.兵三进一 炮2平5

5.兵七进一 马2进3 6.马八进七 车1平2

7.车九平八 车2进6

黑方进车兵线,是力争主动的着法,但不如改走车2进4巡河灵活。

8.马七进六 ……………

红方跃马,准备逐车争先。

8.……… 马3退5

黑方退马窝心,是近期比较流行的走法。

9.车二进一 …………

红方高车策应全局,着法有力。以往红方多走兵七进一,黑方则车2退1,马六进五,炮8进1,车二进二,车8进7,炮五平二,马5进3(如马7进5,则炮八平五,车2进4,炮五进四,红方胜势),相七进五,马3进5,兵七平六,卒7进1,炮二进二,车2进1,兵六进一,卒7进1,兵六平五,马7进5,相五进三,马5进6,黑方弃子有攻势。

9. ⋯⋯⋯⋯⋯ 炮5平2

黑方卸炮,拴链红方车炮,是黑方马退窝心的后续手段。

10. 兵七进一 ⋯⋯⋯⋯⋯

红方如改走车二平六,黑方则炮8平7,相三进一,炮2进5,兵七进一,车2退4,兵七进一,车8进4,马六进五,马7进5,炮五进四,马5进7,炮五退二,车2进4,车六进五,炮2平9,车八进三,炮9进2,马三退二,车8进5,黑方胜势。

10. ⋯⋯⋯⋯⋯ 车2退1(图21)

如图21形势,红方有两种走法:马六退七和马六进七。现分述如下:

第一种走法:马六退七

11. 马六退七 ⋯⋯⋯⋯⋯

红方如改走车二平六,黑方则炮2进5,马三退五,炮2进5,马六进七,马5进6,车六进六,马6进7,马五进七,炮7进1,车六平四,炮7平3,车八进二,车2进2,炮五平八,车8进2,黑方优势。

11. ⋯⋯⋯⋯⋯ 车2平3

12. 炮八平九 炮2平3

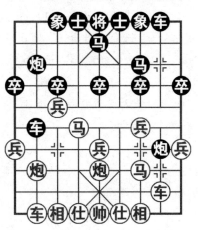

图21

13. 车二平六 ⋯⋯⋯⋯⋯

红方平车占肋,准备弃子抢攻。如改走兵七进一,则车3进2,兵七进一,马5进3,马三进四,车3退2,车八进七,象7进5,马四进三,士6进5,炮五平四,炮8平1,车二进八,马7退8,车八退四,车3平7,马三进五,象3进5,相七进五,车7进1,车八平九,马8进7,炮九平八,马7进6,炮八进五,马3进2,车九进三,车7平5,车九平七,红方优势。

13. ⋯⋯⋯⋯⋯ 炮8平7　14. 马三退五 ⋯⋯⋯⋯⋯

红方退窝心马,是改进后的走法。如改走马三退一,则车3进2,炮九进四,炮3进2,车六进七,马5进6,炮九进三,士6进5,炮五平六,车3平4,车六退六,马6进7,仕六进五,前马进5,相七进五,车8进8,车六进六,车8平9,车八进六,车9平6,黑方大占优势。

14. ⋯⋯⋯⋯⋯ 炮3进2　15. 车六进七 马5进6

16. 车八进七 马6进7　17. 车八平三 士6进5

18. 马七进六 马7退5　19. 车三平八 马5进6

20. 炮五进四　　象 7 进 5　　21. 马五进四　　炮 7 平 5

22. 炮九平六　　炮 3 进 5　　23. 帅五进一　　车 8 进 8

24. 帅五进一　　炮 5 平 4　　25. 车八平五　　将 5 平 6

26. 炮五平六　　炮 3 退 2　　27. 后炮退一　　炮 4 进 1

28. 帅五平六　　炮 3 平 2　　29. 帅六平五

红方大占优势。

第二种走法:马六进七

11. 马六进七　　……………

红方进马,弃子抢攻,是改进后的走法。

11. ……………　　炮 2 进 5

黑方如改走马 5 进 3,红方则兵七平六,车 2 退 2,兵六进一,炮 2 进 5,马三进四,士 6 进 5,兵三进一,炮 8 平 1,车二平八,车 2 平 3,兵六平七,炮 2 进 2,兵三平二,炮 2 平 4,帅五平六,马 3 退 1,形成红方占势、黑方多子,双方各有顾忌的局面。

12. 车二平八　　马 5 进 4

这里,黑方另有三种走法:

①炮 2 进 2,则车八进三,炮 2 平 1,马七进八,炮 8 退 4,车八平六,红方弃子有攻势。

②马 5 进 3,前车进一,车 2 平 7,炮五退一,车 7 退 1,兵七平八,炮 8 进 1,马三进四,炮 8 进 2,前车平三,车 8 进 5,炮五平三,车 8 平 6,炮三进四,车 6 进 4,帅五进一,车 6 平 5,帅五平六,车 5 平 4,帅六平五,车 4 平 5,帅五平六,卒 7 进 1,车三进三,马 7 退 5,车八进四,象 7 进 5,车三进三,马 5 退 1,兵八进一,红方优势。

③马 5 进 6,前车进一,车 2 平 7,炮五平七,车 7 平 3,马七进八,士 6 进 5,兵七平六,炮 8 平 7,相三进五,车 3 进 1,后车进一,卒 7 进 1,后车平四,马 6 进 8,车四进七,马 8 进 9,兵六进一,马 9 进 7,炮七平三,车 8 平 5,仕四进五,红方优势。

13. 前车进一　　车 2 平 7　　14. 马七进六　　炮 8 退 4

黑方如改走士 6 进 5,红方则炮五平七,马 4 进 3,相七进五,红方优势。

15. 炮五平七　　马 4 进 3　　16. 相七进五　　车 7 平 4

17. 相五进七　　车 4 退 4　　18. 相七退五　　象 3 进 1

19. 前车进六　　车 8 进 1

39

黑方如改走车4平2,红方则车八进八,象1进3,车八平三,马7退5,车三退二,炮8平3,炮七平九,红方大占优势。

20. 兵七平六　车4平3　　21. 炮七进二　卒7进1

22. 马三进四　象7进5　　23. 前车平七　车8平3

24. 车八进六　炮8进1　　25. 车八进一　马7进6

26. 车八平九

红方胜势。

第22局　红两头蛇对黑过河车(二)

1. 炮二平五　马8进7　　2. 马二进三　车9平8

3. 车一平二　炮8进4　　4. 兵三进一　炮2平5

5. 兵七进一　马2进3　　6. 马八进七　车1平2

7. 车九平八　车2进6　　8. 马七进六　炮8平7

黑方平炮攻相,策划弃子抢攻,掀起波澜。

9. 马六进四　………

这里,红方另有两种走法:

①车二进九,炮7进3,仕四进五,马7退8,兵七进一,车2退1,兵七进一,车2平4,兵七进一,车4平2,炮五进四,炮5平8,兵七进一,马8进7,炮五退二,炮8进5,马三退二,将5进1,车八进一,红方易走。

②兵七进一,车2退1,马六进四,车8进9,马三退二,卒3进1,马四退三,炮5进4,仕四进五,马3进4,黑方优势。

9. ………　车8进9

黑方如改走卒7进1,红方则马四进三,车8进9,马三退二,炮5进4,仕四进五,卒7进1,马三退四,卒7平6,车八进一,红方占优。

10. 马三退三(图22)　………

如图22形势,黑方有两种走法:卒7进1和马3退5。现分述如下:

第一种走法:卒7进1

10. ………　卒7进1

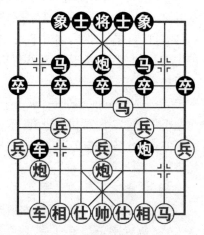

图22

黑方挺卒,准备弃子谋攻。

11.马四进三　炮5进4　　12.仕四进五　卒7进1

13.马三退四　卒7平6　　14.马二进三　炮5退2

15.马四进二　…………

红方跃马,寻求攻势。如改走车八进一,则炮7退2,马三进四,车2平6,后马进六,车6退2,马六进七,士6进5,炮五进二,炮7进4,车八退一,将5平6(如炮7退2,则炮八平五,炮7平5,车八进三,红方占优势),炮八平五,炮7平5,仕五进四,炮8进1,相三进一,车6进1,前炮退一,车6进1,车八进三,炮8退3,黑方得回失子,形成大体均势局面。

15.…………　士6进5　　16.相三进一　象3进5

17.车八进一

双方各有顾忌。

第二种走法:马3退5

10.…………　马3退5

黑方退窝心马,是新的尝试。

11.车八进一　…………

红方高车,正着。如改走马四进五(如马四退三吃炮,则炮5进4,仕六进五,马5进4,黑方反夺主动),则象7进5,车八进一,马5进3,相三进一,士6进5,兵九进一,卒9进1,车八平三,炮7平8,炮八平六,车2平5,车三平四,车5平4,仕四进五,卒5进1,车四进五,卒5进1,车四平三,马3进5,马二进四,卒5平6,黑方稍优。

11.…………　卒7进1　　12.马四进五　象3进5

黑方如改走象7进5,红方则兵三进一,象5进7,车八平三,车2进1,车三进二,车2退3,马二进三,马5进6,炮五平七,马6进8,车三进一,象7退5,炮七进四,卒9进1,相三进五,马7进6,车三平五,车2平5,车五进一,卒5进1,炮七平八,马6进7,炮八退二,士6进5,仕四进五,红方稍优。

13.兵三进一　象5进7　　14.车八平三　车2进1

15.车三进二　车2退3　　16.马二进三　卒1进1

17.车三平四　马5进4　　18.车四进一　象7退5

19.车四平六　马7进6　　20.炮五进四　士4进5

21.车六平四　马6退7　　22.炮五平三　车2平7

23.马三进二　车7进2　　24.相三进五　车7平5

25. 车四进五　马7退8　　26. 车四平二

红方先手。

第23局　红两头蛇对黑过河车(三)

1. 炮二平五　马8进7　　2. 马二进三　车9平8

3. 车一平二　炮8进4　　4. 兵三进一　炮2平5

5. 兵七进一　马2进3　　6. 马八进七　车1平2

7. 车九平八　车2进6

8. 马七进六　车2退1(图23)

黑方退车,既避免红兵过河,又保持对红方车炮的牵制,是稳健的走法。

如图23形势,红方有两种走法:马六进四和车八进一。现分述如下。

第一种走法:马六进四

9. 马六进四　马3退5

10. 马四进五　………

红方如改走马三进四(如马三进二,则卒7进1,红方无益),黑方则炮5平2,兵三进一,卒7进1,前马进三,马5进7,车二进三,车8进6,马四退二,卒7进1,马二进三,象3进5,马三进五,马7进6,黑方弃子有攻势,占优。

10. ………　象7进5　　11. 马三进四　车2平3

12. 马四进六　车3退1

黑方如改走象5进3,红方则车八进一,车3平4,炮八进三,炮8退2,车二进一,象3退1,马六进八,炮8平3,车二进八,马7退8,炮五进四,马5进6,车八平四,马6进7,车四进三,车4退2,炮五退二,马7进8,车四进二,车4退2,车四平五,士4进5,马八进七,红胜。

13. 马六进四　车3平6　　14. 马四进三　车6退3

15. 炮八进七　车6平7

黑方如改走马5进3,红方则车八进八,士6进5(如马7退5,则车八平七,车6平7,车二进一,黑方难应付),车八平七,车6平7,车七退一,红方优势。

16. 车八进八　车7平8　　17. 车八平六　马5退7

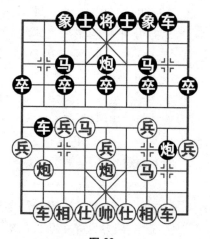

图23

42

18. 车六进一　将5进1　　19. 车二进一

红方弃子有攻势。

第二种走法：车八进一

9. 车八进一　炮8平1

黑方亦可改走车8进4,红方如马六进七,黑方则车2平3,马七进五,象7进5,车八平二,车8平2,前车进二,车2进3,前车进四,马7退5,前车平四,马5退7,车四进一,士4进5,车二进九,马7进6,马三进二,车2退2,马二进一,车3平6,炮五平二,马6进5,车二退一,车6进1,炮二进五,车6平5,仕四进五,马5进4,双方对攻。

10. 车二进九　马7退8　　11. 马六进四　车2退1

12. 马四进六　车2平4　　13. 炮八进四　马8进7

14. 兵七进一　…………

红方弃兵,是改进后的走法。如改走马三进四,则车4进1,兵七进一,士6进5,马六进七,车4退4,兵七进一,车4平3,炮八进一,卒5进1,炮八平五,象3进5,兵七进一,车3进1,车八进五,车3平7,车八平三,车3退4,黑方优势。

14. …………　卒3进1　　15. 马六进七　车4退3

16. 炮八平七　卒3进1　　17. 车八平六　将5进1

18. 车六进七　将5平4　　19. 炮五平六　将4平5

20. 炮六进五　马7退8　　21. 炮七平八　将5平6

22. 马三进四　卒3平4　　23. 马四进五　马3进4

24. 炮八进二　士6进5　　25. 马七退五　士5进4

26. 前马退三　将6平5　　27. 马三进二

红方优势。

第24局　红两头蛇对黑过河车（四）

1. 炮二平五　马8进7　　2. 马二进三　车9平8

3. 车一平二　炮8进4　　4. 兵三进一　炮2平5

5. 兵七进一　马2进3　　6. 马八进七　车1平2

7. 车九平八　车2进6　　8. 马七进六　车2退2

黑方退车河口系旧式应法,红方易于扩大先手。

9. 兵七进一　车2平3　　10. 炮八平七　车3进1

11. 马六进四　车3进2

43

黑方进车吃炮,进行交换,是必走之着。如改走车8进2,则车八进二,马7退8,炮五退一,炮5平4,炮五平七,炮4进5,后炮进三,炮4平2,前炮平五,士4进5,炮七进五,红方优势。

12.马四进三　车8进2(图24)

如图24形势,红方有两种走法:车八进八和马三退五。现分述如下。

第一种走法:车八进八

13.车八进八　…………

红方进车下二路,并无有效的后续手段。

13.…………　炮5平6

黑方卸炮别马,是机警之着。

14.后马进四　车3退2

15.马四进六　…………

红方如改走马四进五,黑方则马3进5,炮五进四,车3进1,黑方要得子。

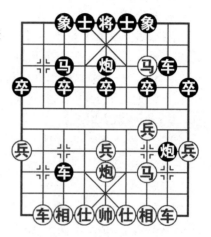

图24

15.…………　象7进5　16.马六进七　…………

红方兑马,嫌软。应改走车八平六,黑方如接走车3平4,红方则马三进四,尚可一搏。

16.…………　炮6平3　17.炮五进四　…………

红方如改走马三退五,黑方则炮3平4,这样发展下去,局势对黑方有利。

17.…………　士6进5　18.马三进五　士4进5

19.车二进二　…………

红方如改走车八平七,黑方则炮3平4,车七平五,将5平6,车二进二,车8平6,仕四进五,车3平7,相七进五,车7进1,也是黑方多子占优。

19.…………　将5平6　20.相七进九　车3进2

黑方进车邀兑,是简明有力的走法。

21.相三进五　炮8平1　22.车二平四　车8平6

23.炮五平四　将6平5　24.车八退一　炮3退1

25.相九退七　车3退1　26.车八平七　炮1平5

27.仕四进五　炮3平2　28.车七平八　车3平4

29.车四进一　…………

红方如改走车八进一吃炮,黑方则将5平4,帅五平四,炮5平6,黑方可先

44

弃后取,多子胜定。

29.…………　炮 2 平 4　　30.车八平七　士 5 进 4

黑方扬士催杀,加快了胜利步伐。

31.炮四平五　…………

红方如改走帅五平四(如车七进二,则炮 4 退 1,红方丢车),黑方则炮 4 平 6,黑亦胜定。

31.…………　象 5 进 7　　32.车七进二　将 5 进 1

33.车四平五　车 4 平 5　　34.炮五平九　将 5 平 6

黑胜。

第二种走法:马三退五

13.马三退五　…………

红方退马踏卒,正着。

13.…………　马 3 进 5　　14.炮五进四　士 6 进 5

15.相三进五　车 3 退 3　　16.仕四进五　…………

红方补仕巩固中防,是稳健的走法。

16.…………　车 3 平 5　　17.炮五平九　炮 5 进 4

18.炮九平三

红方多兵略优。

第 25 局　红两头蛇对黑过河车(五)

1.炮二平五　马 8 进 7　　2.马二进三　车 9 平 8

3.车一平二　炮 8 进 4　　4.兵三进一　炮 2 平 5

5.兵七进一　马 2 进 3　　6.马八进七　车 1 平 2

7.车九平八　车 2 进 6　　8.炮八平九　…………

红方平炮兑车,待黑车压马时再高车保马,是一种稳健的走法。

8.…………　车 2 平 3　　9.车八进二　车 3 退 1

黑方退车吃兵,准备再平 7 扫兵捉马,同时也为自己的马前卒开路。

10.炮五平六　…………

红方卸炮,调整阵形,以便在左翼集结兵力展开攻势。如改走炮五退一,则车 3 平 7,车八进二,卒 7 进 1,马三进四,卒 3 进 1,相七进五,炮 8 平 6,车二进九,马 7 退 8,炮五平七,象 3 进 1,黑方多卒略优。

10.…………　车 3 平 7(图 25)

如图25形势,红方有两种走法:相三进五和相七进五。现分述如下:

第一种走法:相三进五

11. 相三进五　车7退1

12. 车八进四　…………

红方以改走马七进六为宜。

12. …………　车7平3

13. 马七进六　卒7进1

14. 炮九平七　卒7进1

15. 车八平七　车3退1

16. 马六进七　卒7进1

17. 炮七进五　炮5进4

18. 仕四进五　卒7进1

19. 炮六平三　马7进6　　20. 马七退八　马6进4

21. 马八进六　炮5退2

黑方优势。

第二种走法:相七进五

11. 相七进五　车7进1　　12. 仕六进五　炮8平5

黑方连吃两兵,但是右翼有弱点,易被红方利用。

13. 车二进九　马7退8　　14. 车八进四　前炮平9

15. 车八平七　炮5进5　　16. 相三进五　炮9进3

17. 相五退三　车7进1　　18. 车七进一　象7进5

黑方如改走车7进2,红方则车七平二,红方多子易走。

19. 仕五进四　车7进2　　20. 炮六进六　车7平8

21. 车七平五　士6进5　　22. 车五退一　车8退6

23. 仕四进五　马8进7　　24. 车五退三

红方多子占优。

第26局　红两头蛇对黑过河车(六)

1. 炮二平五　马8进7　　2. 马二进三　车9平8

3. 车一平二　炮8进4　　4. 兵三进一　炮2平5

5. 兵七进一　马2进3　　6. 马八进七　车1平2

7. 车九平八　车2进6　　8. 炮八平九　车2平3

9. 车八进二　车3退1

10. 炮五平六（图26）⋯⋯⋯⋯

如图26形势,黑方有两种走法:卒7进1和卒5进1。现分述如下:

第一种走法:卒7进1

10. ⋯⋯⋯⋯　卒7进1

11. 兵三进一　⋯⋯⋯⋯

红方如改走炮九退一,黑方则车3平7,相七进五,车7进1,炮九平三,车7平6,炮三平七,炮5进4,仕六进五,炮5平3,车八进一,卒3进1,黑方多卒较优。

11. ⋯⋯⋯⋯　车3平7

12. 相七进五　车7退1　　13. 车八进二　⋯⋯⋯⋯

红方如改走车八进四,黑方则炮8退3,红方无便宜可占。

13. ⋯⋯⋯⋯　卒3进1　　14. 马七进六　炮5平6

15. 炮九平七　象7进5　　16. 车八进三

红方易走。

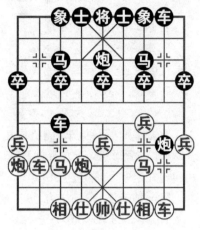

图26

第二种走法:卒5进1

10. ⋯⋯⋯⋯　卒5进1

黑方冲中卒,从中路反击,是正确的选择。

11. 相三进五　车3进1　　12. 炮九退一　卒5进1

13. 炮九平七　车3平1

黑方如改走车3平4,红方则马七进八,红方优势。

14. 兵五进一　马3进5　　15. 车八进二　车1平7

16. 仕六进五　炮8退1

黑方如改走马5进6,红方则马七进六,象3进1,炮七进一,红方优势。

17. 马七进六　马5进3　　18. 兵五进一　象3进1

19. 车二进四　车8进5　　20. 马六进四　车8进1

21. 马四退三　车8平7

红方有中兵渡河,略占优势。

第27局　红两头蛇对黑过河车(七)

1.炮二平五　马8进7　　2.马二进三　车9平8

3.车一平二　炮8进4　　4.兵三进一　炮2平5

5.兵七进一　马2进3　　6.马八进七　车1平2

7.车九平八　车2进6　　8.炮八平九　车2平3

9.车八进二　炮8平7(图27)

黑方平炮压马兑车,伺机攻相争先。

如图27形势,红方有两种走法:车二进九和炮九退一。现分述如下:

第一种走法:车二进九

10.车二进九　炮7进3

黑方贪吃红相,将受到红方猛烈的攻击。

11.仕四进五　马7退8

12.炮五平四　…………

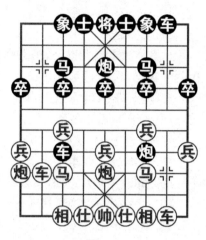

图27

红方如改走马三进四,黑方则卒3进1,炮九退一,炮5平8,仕五进四,炮8进7,帅五进一,炮7平3,黑方优势。

12.…………　炮7平9　　13.相七进五　炮5平8

14.马三进二　车3平4　　15.车八进三　象7进5

黑方如改走卒3进1,红方则车八平七,马3进4,炮四进一,车4进2,马七退八,红方得势。

16.车八平二

红方优势。

第二种走法:炮九退一

10.炮九退一　…………

红方退炮准备打车,正着。

10.…………　车8进9　　11.马三退二　车3退1

12.炮九平七　车3平7　　13.马七进八　马3退5

14.炮七平五　车7平4　　15.马八进九　车4退2

16.车八进五　炮7平6　　17.马二进三　炮6退4

18.车八退二　马5进3　　19.马九进八

48

红方子力灵活,略占先手。

第三节 黑右横车变例

第28局 红两头蛇对黑右横车(一)

1.炮二平五 马8进7 2.马二进三 车9平8

3.车一平二 炮8进4 4.兵三进一 炮2平5

5.兵七进一 车1进1

黑方高横车,准备左移助攻,是力争主动的走法。

6.马八进七 车1平8

黑方联车,增强左翼的对攻子力,是积极的走法。如改走车1平4,则车九平八,车4进3(如马2进3,则炮八进五,红方主动),炮八进一,炮8平2,车二进九,马7退8,车八进三,马2进1,车八进四,卒7进1,兵三进一,车4平7,马三进四,车7平6,马四退六,士6进5,马六进八,炮5平7,马七进六,车6平4,马八退七,象7进5,车八退六,马8进6,车八平二,士5退6,车二进五,红方先手。

7.车九平八 炮8平7

黑方平炮兑车攻相,正着。如改走马2进3,则炮八进一,炮8平2,车二进八,车8进1,车八进三,车8进3,车八进三,红方子力灵活,明显占优。

8.车二平一 ………

红方平车避兑,是保持变化的走法。

8.……… 前车进3(图28)

黑方车巡河,是稳健的走法。如改走前车进7,则马七进六,后车进4,炮八平六,马2进3,仕四进五,前车平6(如卒7进1,则车八进六或车八进八,红方主动),马六进七,士6进5,炮六平七,炮5平6,炮七退一,车6退3,炮五平七,红方优势。

如图28形势,红方有四种走法:炮八进五、炮八平九、马七进八和炮八进六。现分述如下:

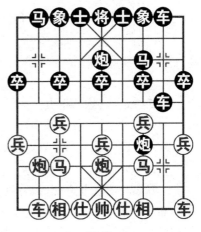

图28

第一种走法：炮八进五

9.炮八进五 ┈┈┈┈┈┈

红方伸炮打马，是简明的走法。

9.┈┈┈┈┈┈ 马2进3 10.车八进六 ┈┈┈┈┈┈

红方左车过河，静观其变，是含蓄的走法。如改走炮八平五，则象3进5，车八进七，马3退5，黑方伏有马5退3捉车的先手，可以对抗。

10.┈┈┈┈┈┈ 炮5平2

黑方如改走卒7进1，红方则车八平七，马3退5，炮八退一，卒7进1，炮八平五，后车进3，兵七进一，也是红方主动。

11.车八进一 马7退5 12.马七进八 ┈┈┈┈┈┈

红方也可改走兵五进一，黑方如接走炮7平6，红方则车一进一，后车进2，车一平四，炮6退4，炮五进四，马3进5，车八平四，后车平6，车四进六，卒3进1，马三进五，也是红方优势。

12.┈┈┈┈┈┈ 前车平1 13.马八进七 车1进2

黑车吃兵，不如改走车1平4顽强。

14.马七退六 ┈┈┈┈┈┈

红方退马，以退为进，是争先取势的有力之着。

14.┈┈┈┈┈┈ 车1平4 15.马六进五 马3进4

16.马五退七 ┈┈┈┈┈┈

红方退马催杀，可谓一击中的！顿时令黑方难以招架。

16.┈┈┈┈┈┈ 马4退6 17.车八平四 象7进5

18.车四退一 象5进3 19.兵七进一

红方优势。

第二种走法：炮八平九

9.炮八平九 马2进1

黑方进边马是灵活之着，可以避免成为红方的攻击目标。

10.车八进七 ┈┈┈┈┈┈

红方如改走炮九进四，黑方则士6进5，炮五平六，卒7进1，兵三进一，前车平7，相三进五，车7平1，炮九平八，马7进6，仕四进五，车1平4，炮八平五，马6进8，车一平四，车8进3，兵七进一，车4退1，炮五退一，马8进9，黑方优势。

10.┈┈┈┈┈┈ 卒1进1

黑方以改走士6进5为宜。

11. 马七进八 马 1 进 2

黑方如改走车 8 平 2,红方则有炮九平八打车的手段。

12. 炮九进三 马 2 进 4　　13. 炮九进四 马 4 进 6

14. 车一进一 前车进 4

黑方如改走马 6 进 7,红方则车一平三,炮 7 进 2,车八进二,红方弃子得势,占优。

15. 车八进二 后车进 4　　16. 车一平二 车 8 进 4

17. 马八进七 炮 7 进 3　　18. 仕四进五 马 6 进 7

19. 帅五平四 车 8 退 4　　20. 炮九平七 士 4 进 5

21. 马七进八 炮 5 平 3　　22. 兵三进一 车 8 平 7

23. 马三进二

红方优势。

第三种走法:马七进八

9. 马七进八　…………

红方进外马,是急攻型的走法。

9. …………　马 2 进 1

黑方进边马,是改进后的走法。如改走马 2 进 3,则炮五平七,红方优势。

10. 炮五平七　…………

红方如改走兵九进一,黑方则卒 7 进 1,兵七进一,卒 7 进 1,兵七平六,炮 5 退 1,炮五退一,炮 7 平 6,炮五平三,卒 7 进 1,炮三进二,马 7 进 6,黑方易走。

10. …………　前车平 1　　11. 相三进五　…………

红方飞相,是稳健的走法。

11. …………　车 1 进 2　　12. 炮八平九 车 8 进 4

13. 仕四进五 卒 7 进 1　　14. 兵七进一 卒 7 进 1

15. 马八进六 车 1 平 2　　16. 车八进三 炮 7 平 2

17. 相五进三 马 7 进 6　　18. 兵七平八 士 4 进 5

19. 炮七进七 马 1 退 3　　20. 马六进五 象 7 进 5

21. 炮七退三 卒 9 进 1　　22. 车一平四 马 6 进 4

黑不难走。

第四种走法:炮八进六

9. 炮八进六　…………

红方进炮压马,另辟蹊径。

9. ··········· 后车进1　　　10. 仕四进五　卒3进1

11. 兵七进一　炮5平3　　　12. 马七退九　前车平3

13. 炮五平四　卒7进1　　　14. 兵三进一　车3平7

15. 相三进五　马7进6　　　16. 车八进五　象3进5

17. 马九进七　炮3进4　　　18. 车一平二　车8平4

19. 车二进四　马6进4　　　20. 车八平三　象5进7

21. 炮八退六　马2进3　　　22. 车二平三　象7退5

23. 马七退八　马3进2

双方互缠。

第29局　红两头蛇对黑右横车(二)

1. 炮二平五　马8进7　　　2. 马二进三　车9平8

3. 车一平二　炮8进4　　　4. 兵三进一　炮2平5

5. 兵七进一　车1进1　　　6. 马八进七　车1平8

7. 车九平八　炮8平7　　　8. 车二平一　马2进3

9. 马七进六　···········

红方进河口马，企图扰乱黑方阵形。

9. ··········· 前车进3

黑方高车守河，是稳健的走法。如改走前车平6，则炮五平七，车6进4，炮八进二，卒3进1，相三进五，红方下伏马六进五的手段，明显占优势。

10. 马六进七　前车平2(图29)

黑车左右奔波，虽然耗费了步数，但因牵住红方无根车、炮，所以也得到了一定的补偿。

如图29形势，红方有两种走法：炮八进二和炮五平七。现分述如下：

第一种走法：炮八进二

11. 炮八进二　卒7进1

这里，黑方另有两种走法：

①车2退1，炮五平七，马3退1，相三进五，炮5平2，炮七平八，车2平3，

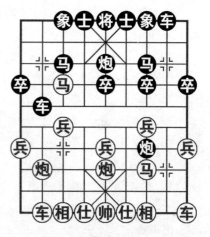

图29

后炮进五,车3平2,前炮平六,车8进4,仕四进五,卒7进1,兵三进一,车8平7,车一平四,炮7平1,炮六退五,象3进5,兵七进一,车7平3,车八平九,炮1退2,炮八平三,马7进8,车九进四,马1进3,炮三平二,双方大体均势。

12.炮五平八　　车2平4　　　13.兵三进一　　车4平7

14.后炮平七　　马7进6　　　15.相三进五　……………

红方如改走马七进五,黑方则象7进5,相七进五,马3进2,黑方易走。

15.……………　　炮5进4　　16.仕四进五　　炮5平3

17.车一平四　　炮3退3　　　18.炮七进四　　象7进5

19.车四进四　　车8进6　　　20.车八进三　　炮7平4

黑方易走。

第二种走法:炮五平七

11.炮五平七　……………

红方卸炮,调整阵形,是改进后的走法。

11.……………　　炮5平6　　12.相三进五　　象7进5

13.仕四进五　……………

红方亦可改走车一进一,黑方如士6进5,红方则车八进一,车2进2,炮八平九,车2平3,车八进一,车8进4,炮九退一,车8平4,炮九平七,车3平4,仕四进五,后车退1,马七退八,马3退1,兵七进一,前车进2,车八退一,后车进2,车一平四,炮7平1,马八退九,象3进1,兵七进一,马1退3,前炮平六,红方优势。

13.……………　　士6进5　　14.炮八进二　　车8进4

15.车一平四　　车2平6

黑方平车邀兑,可以简化局势。如改走炮7平1,则车八进三,炮1退1,车四进六,马7退6,车四平三,卒9进1,兵五进一,炮1退1,车八平四,车2平6,车四平五,炮1平2,兵五进一,卒5进1,马七退六,卒5进1,车五进一,炮2平1,炮八平九,车6平2,车五退一,红方多兵占优。

16.车四进五　　车8平6　　17.炮八进三　　将5平6

18.兵五进一　　炮7平3　　19.车八进三　……………

红方高车,逼黑方以炮换马,是简明的走法。如改走马七进五,则象3进5,炮八平五,马7退9,兵七进一,马9进8,兵七进一,马8退7,形成一方多子、一方占先的两分局面。

19.……………　　炮3退3　　20.炮七进四　　卒7进1

53

21. 兵三进一　车6平7　　22. 马三进二　车7平8

23. 车八平三　车8进1　　24. 车三进四　将6平5

25. 炮七平一　·········

红方炮打边卒,略嫌随意。应改走兵七进一渡河,黑方如接走车8退1,红方则炮七平六,车8平3,炮六进二,马3进4,炮八平四,士5进6,车三平四,红方得士易走。

25. ·········　车8退2

黑方退车捉炮,可以乘势消灭红方一路边兵,是使局面缓和的机警之着。

26. 炮一进三　·········

红方如改走炮一退二,黑方则车8进3,这样黑方可捉死红兵。

26. ·········　车8平9　　27. 炮一平三　车9退3

28. 炮二退三　车9进6　　29. 炮八退五　车9平1

双方大体均势。

第30局　红两头蛇对黑右横车(三)

1. 炮二平五　马8进7　　2. 马二进三　车9平8

3. 车一平二　炮8进4　　4. 兵三进一　炮2平5

5. 兵七进一　车1进1　　6. 马八进七　车1平8

7. 车九平八　炮8平7

8. 车二平一　马2进3(图30)

如图30形势,红方有三种走法:仕四进五、炮八进五和炮八平九。现分述如下:

第一种走法:仕四进五

9. 仕四进五　前车进3

10. 炮八进三　·········

红方进炮河口,防止黑方兑卒,是争先取势的好棋。

10. ·········　后车进一

黑方如改走车8平4,红方则相三进一,车4进2,车一平四,车4平3,车八进二,士6进5,炮八进三,红方易走。

11. 车八进四　后车平2

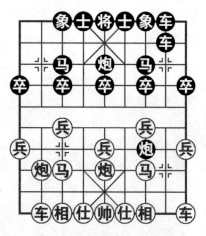

图30

黑方平车捉炮嫌急,应改走前车平4为宜。

12.炮八进一　卒3进1　　13.车一平二　车8进5

14.马三退一　马3退1

黑方如改走卒3进1,红方则车八平七,马3进4,炮八平六,车2平4,车七进二,红方优势。

15.炮八平三　车2进4　　16.炮三进五　士6进5

17.马七进八　卒3进1　　18.马八进九　炮5进4

19.马二进三　炮5平6　　20.兵三进一　炮7进3

21.马三进五

红方优势。

第二种走法:炮八进五

9.炮八进五　·········

红方兑炮,是简化局势的走法。

9.·········　前车平2

黑方亦可改走前车进7,红方如炮五平六,黑方则后车进4,相三进五,卒3进1,兵七进一,后车平3,马七进六,卒7进1,兵三进一,车8退3,马六进四,马7进6,兵三平四,马3进4,仕四进五,马4进6,车一平四,炮5平6,车四平二,车8进4,马三退二,车3平6,黑方先手。

10.炮八退一　车2平4　　11.马七进八　车8进8

12.炮五平七　马3退1　　13.炮八进一　车4进1

14.炮八平五　象3进5　　15.相三进五　车4平2

16.仕四进五　车8退4　　17.车一平二　卒7进1

18.车二进五　马7进8　　19.兵三进一　象5进7

20.马八退九　车2进7　　21.马九退八　象7退5

22.炮七进四　马8进6　　23.马三退一　炮7平1

24.兵五进一　炮1退1　　25.炮七平一　炮1平5

26.炮一平九　马1进2

黑方优势。

第三种走法:炮八平九

9.炮八平九　前车进7　　10.炮五平六　··········

红方卸中炮嫌软,应改走仕六进五。黑方如前车平7,红方则马七进六,车8进4,炮五平六,红方易走。

55

10. ⋯⋯⋯⋯⋯ 卒 5 进 1　　11. 仕四进五　卒 7 进 1

黑方弃卒跃马,着法积极。

12. 车八进六　后车进 3　　13. 兵三进一　马 7 进 5

14. 兵三平四　卒 5 进 1　　15. 炮六平五　马 5 进 6

16. 炮五进二　士 6 进 5　　17. 马三退四　前车平 6

18. 炮九退一　车 6 退 2　　19. 相三进五　炮 7 平 5

20. 车一平三　车 8 平 5

黑方优势。

第 31 局　红两头蛇对黑右横车(四)

1. 炮二平五　马 8 进 7　　2. 马二进三　车 9 平 8

3. 车一平二　炮 8 进 4　　4. 兵三进一　炮 2 平 5

5. 兵七进一　车 1 进 1　　6. 马八进七　车 1 平 8

7. 车九平八　炮 8 平 7　　8. 炮八进一　⋯⋯⋯⋯⋯

红方升炮邀兑,是稳健的走法。

8. ⋯⋯⋯⋯⋯　前车进 8

9. 马三退二　炮 7 平 2(图 31)

如图 31 形势,红方有两种走法:车八进三和马二进三。现分述如下:

第一种走法:车八进三

10. 车八进三　车 8 进 9

黑方如改走马 2 进 1,红方则马二进三,车 8 进 4,车八平六,卒 7 进 1,车六进一,双方另有不同的攻守。

11. 车八进六　车 8 平 7

12. 车八平七　车 7 退 4

13. 车七退三　卒 7 进 1

双方大体均势。

第二种走法:马二进三

10. 马二进三　炮 2 平 3　　11. 车八进九　炮 3 进 3

12. 仕六进五　车 8 进 4

黑方高车巡河,是攻守两利之着,至此,黑方已呈反先之势。

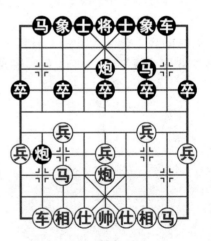

图 31

13. 车八平七　..........

红方车吃黑象,是寻求对攻之着。如改走车八退九,则炮3退4,也是黑方
易走。

13. ....　车8平2　　14.马三进四　炮3平1

15.帅五平六　炮5平4

黑方卸中炮,瞄住帅门,是紧凑的走法。

16.车七退二　士6进5　　17.车七退一　车2进5

18.帅六进一　车2退3　　19.马四进五　..........

红方如改走帅六退一,黑方则车2平3,红方要丢子。

19. ....　车2进2　　20.帅六退一　炮4进6

黑方进炮,形成夹车炮的攻杀之势,以下入局手法十分精彩。

21.马五进三　炮4平3　　22.帅六进一　炮3进1

23.帅六进一　炮1退2　　24.马七进八　车2退1

25.马八退七　车2退1　　26.帅六退一　车2进2

黑胜。

第32局　红两头蛇对黑右横车(五)

1.炮二平五　马8进7　　2.马二进三　车9平8

3.车一平二　炮8进4

4.兵三进一　炮2平5

5.兵七进一　车1进1

6.马八进七　车1平8(图32)

如图32形势,红方有三种走
法:马七进八、相三进一和仕四进五。现分述如下:

第一种走法:马七进八

7.马七进八　..........

红方进外肋马,颇有新意。

7. ....　马2进1

黑方进边马,正着。如改走马2进3,则
炮八平七,炮8平7,车二平一,前车进3,马
八进七,炮5平6,马七退六,象3进5,马六
进五,马3进5,炮五进四,士6进5,车九平八,红方优势。

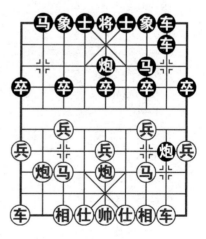

图32

57

8. 兵七进一 ··········

红方弃兵，不落俗套。如改走炮五平七，则炮8平7，车二平一，前车进3，相三进五，炮5平4，仕四进五，象7进5，双方局势平稳。

8. ·········· 炮8平7　　9. 车二平一　卒3进1

10. 炮五平七　前车平4

黑方以改走马7退5保象为宜。

11. 炮七进七　将5进1

黑方如改走士4进5，红方则马八进七，车4平3，炮七平九，炮5平2，炮八平七(如马七进九，则车3平1，红方无后续手段)，炮2平3，车九平八，马1进3，车八进九，士5退4，炮七平四，炮3平5，炮九平六，将5进1，炮七平八，红方大占优势。

12. 车九平八　车4进2

黑方高车保卒，是无奈之着。如改走车4平3(如卒3进1，则马八进九，车4平2，炮八进五，红方优势)，则炮七平九，车3退1，炮九退一，将5退1，马八进六，红方优势。

13. 相七进五　车8进4　　14. 车一进一　卒3进1

15. 马八进九　车4平2

黑方不敢平车吃马，因红方有炮八平九打车的手段。

16. 兵三进一　卒7进1　　17. 车八进一　卒3进1

18. 炮八平九　卒3平2　　19. 车八平七

红方较优。

第二种走法：相三进一

7. 相三进一 ··········

红方飞边相，是争取稳扎稳打的战术。

7. ·········· 前车进3

黑方高车巡河，正着。如改走炮8平7，则车二进八，车8进1，马七进六，车8进3，炮八平六，红方先手。

8. 车九平八　马2进3　　9. 马七进六　卒7进1

黑方兑卒，活通左马，正着。如改走车8平4，则炮八进二，卒3进1，马三进四，红方主动。

10. 兵三进一　车8平7　　11. 马六进七　炮8退3

12. 马七进五　象7进5　　13. 炮八平七　马3进2

14. 车二进四　炮8退2

黑方如改走炮8平7,红方则车二进五,马7退8,马三进四,车7平6,炮五进四,士4进5,兵七进一,马2进3,车八进四,红方优势。

15.车八进三　炮8平2　　16.车八平六　车8进5

17.马三进二　炮2平8　　18.兵五进一　士4进5

19.仕四进五　马7进8

黑方跃马打马,展开对攻。如改走炮8进3,则比较稳健。

20.马二退四　车7进2　　21.兵七进一

红方优势。

第三种走法:仕四进五

7.仕四进五　炮8平7

黑方如改走前车进3,红方则车九平八,马2进3,马七进六,卒7进1,兵三进一,前车平7,炮五平六,红方易走。

8.车二进八　车8进1　　9.相三进一　车8进3

10.车九平八　卒7进1　　11.炮八平九　马2进3

12.车八进六　炮5平6　　13.车八平七　象7进5

14.马七进六　卒7进1　　15.马六进五　马7进6

黑方跃马河口,是抢先之着。

16.相一进三　…………

红方如改走马五进七吃马,黑方则马6进4,黑方先弃后取,占优。

16.…………　士6进5　　17.兵五进一　炮7平3

18.车七平八　马6进7

黑方优势。

小结:中炮对左炮封车转列炮中,红两头蛇正马变例,黑方第7回合车2进4高车巡河,较为稳健。黑方第9回合炮8平7平炮压马,是对攻性较强的走法。红方第10回合车八平七平车吃卒压马,演绎成各攻一翼的激烈搏杀局面,红方机会较多。红方第10回合车二平一平车避兑,是稳健战术,其演变结果黑方满意。黑方第9回合炮5平6,则局面相对平稳。黑方第9回合卒7进1兑卒弃马的走法,从目前研究的结果来看,黑方不利。黑方第7回合车2进6进车过河,是20世纪80年代比较流行的走法,后来随着巡河车的兴起,这一走法渐渐被淘汰。黑方第7回合车2进6进车过河,红方以马七进六扑出,则仍可保持先行之利。黑方第5回合车1进1高横车,双方将形成各攻一翼的复杂局面,黑方右翼弱点较为突出,红方机会较多。

第二章 红两头蛇边马类

第一节 黑车骑河捉兵变例

第33局 红两头蛇对黑车骑河捉兵(一)

1.炮二平五 马8进7 2.马二进三 车9平8

3.车一平二 炮8进4 4.兵三进一 炮2平5

5.兵七进一 马2进3 6.马八进九 ···········

红方左马屯边,力求两翼子力均衡发展,是近期较为流行的走法。

6.··········· 车1平2 7.车九平八 车2进5

黑方进车骑河捉兵,是力争主动的走法。

8.炮八平七 ···········

红方平炮兑车,牵制黑方3路线。

8.··········· 车2平3

黑方平车吃兵,是保持变化的走法。如改走车2进4,则马九进八,也是红方主动。

9.车八进二 ···········

红方高车保炮,准备退中炮威胁黑车。

9.··········· 马3退5(图33)

黑方退窝心马,准备续走炮2平3,加强3路线的攻防力量,是以退为进之着。

如图33形势,红方有两种走法:炮五退一和兵九进一。现分述如下:

第一种走法:炮五退一

10.炮五退一 ···········

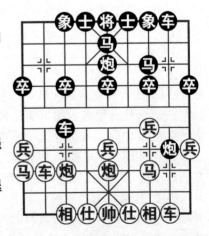

图33

红方如改走炮五平六,黑方则炮5平3,马九退八,车3平7,相三进五,车7进1,车二平三,卒3进1,车八进二,卒7进1,仕六进五,车7平6,马三进二,车

6平5,炮七进五,马5进3,车三进五,形成红方占先、黑方多卒的局面。

10.………　炮5平3　　11.马九退八　………

红方退马,使七路炮生根,是保持先手的好棋。

11.………　车3平7

黑方如改走车3平4,红方则炮七进五,马5进3,相三进五,象3进5,炮五平七,马3退5,马八进七,车4退1,炮七进五,卒7进1,马七进八,车4平2,兵三进一,象5进7,马三进四,炮8进1,车八退一,马5退3,车二进一,象7退5,马八进六,车2进4,车二平八,红方子力灵活占优。

12.炮七进五　………

红方如改走相三进五,黑方则车7进1,炮五平三,炮3进5,炮三进二,炮3平7,相五退三,炮8平5,黑方得子胜定。

12.………　马5进3　　13.炮五平三　炮8平7

14.车二进九　马7退8　　15.相七进五　………

这里,红方另有两种走法:

①相三进一,车7退1,炮三平七,马3退5,车八平六,象3进5,车六进六,马5进7,车六平二,车7平3,马八进九,车3进3,马三退二,炮7退2,相一进三,炮7平1,炮七平三,车3进2,相三退五,车3退2,马九退七,象5进7,马二进四,炮1平3,黑方优势。

②相三进五,车7退1,炮五平七,马3退5,车八平六,象3进5,车六进六,马8进9,马八进七,马5进7,马七进六,士4进5,炮七平八,炮7平8,马三进二,炮8进3,相五退三,车7进1,炮八进八,士5进4,马六进八,红方胜势。

15.………　车7退1　　16.炮三平七　马3退5

17.车八平六　象7进5　　18.马八进七　马5进7

19.兵五进一　炮7平8　　20.车六进一　炮8退5

21.马七进五　车7进2　　22.车六平八　炮8平6

黑方多卒占优。

第二种走法:兵九进一

10.兵九进一　………

红方挺边兵,含蓄有力。

10.………　炮5平3

黑方如改走炮8退2,红方则炮五退一,炮5平3,马九退八,车3平4,相七进五,炮3进5,马八进七,车4进2,炮五平九,炮8进3,仕六进五,车4退3,车

61

八进六,卒 7 进 1,马七进八,车 4 进 4,炮九进五,卒 7 进 1,相五进三,车 4 平 2,马八进七,车 2 退 7,马七进八,红方优势。

11. 马九进八　炮 8 退 2

黑方如改走车 3 平 4,红方则炮七进五,马 5 进 3,炮五平七,马 7 退 5,相三进五,卒 3 进 1,马八进七,车 8 进 2,仕四进五,马 5 进 4,车八进六,士 4 进 5,车八平六,卒 5 进 1,炮七平八,车 4 平 2,车六退二,车 2 进 2,车六平三,车 2 退 4,兵三进一,炮 8 平 7,车二进七,炮 7 退 3,车二平七,炮 7 进 4,车七进二,士 5 退 4,马七退五,红方多兵占优。

12. 相七进九　车 3 平 7　　13. 马八进九　炮 3 进 5

14. 马九进八　车 7 平 4　　15. 车八平七　炮 8 平 5

16. 车七进二　…………

红方应直接走车二进九,黑方如接走马 7 退 8,红方则车七进四,炮 5 进 3,相三进五,马 8 进 7,马三进四,红方易走。

16. …………　车 4 退 2　　17. 车二进九　马 7 退 8

18. 马三进二　炮 5 进 3　　19. 相三进五　马 5 进 7

双方均势。

第 34 局　红两头蛇对黑车骑河捉兵(二)

1. 炮二平五　马 8 进 7　　2. 马二进三　车 9 平 8

3. 车一平二　炮 8 进 4　　4. 兵三进一　炮 2 平 5

5. 兵七进一　马 2 进 3　　6. 马八进九　车 1 平 2

7. 车九平八　车 2 进 5　　8. 炮八平七　车 2 平 3

9. 车八进二(图 34)　…………

如图 34 形势,黑方有三种走法:炮 8 平 7、卒 5 进 1 和炮 5 平 4。现分述如下:

第一种走法:炮 8 平 7

9. …………　炮 8 平 7

黑方平炮压马兑车,是特级大师胡荣华曾试用的走法。

10. 炮五退一　…………

红方退窝心炮,是灵活的走法。

10. …………　炮 5 平 4

黑方如改走车 8 进 9,红方则马三退二,炮 5 进 4,相七进五,黑方要失子。

11. 相三进五　　炮4进5

12. 炮七退一　…………

红方退炮,是保持主动的紧要之着。如改走车二进九,则炮4平2,相五进七,马7退8,相七退五,马3退5,红方一无所获。

12. …………　　车3平4

黑方如改走炮4平7,红方则相五进七,车8进9,车八平三,也是红方易走。

13. 车二进九　　马7退8

14. 马三退二　　马3退5

15. 车八进四　…………

红方进车卒林,准备扫卒谋取实利,是老练的走法。

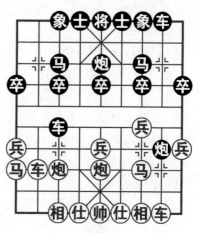

图34

15. …………　象7进5　16. 车八平七　马5进7

17. 兵五进一　…………

红方冲中兵,直攻中路,击中黑方要害。

17. …………　车4进1　18. 兵五进一　车4平6

19. 兵五进一　车6进2　20. 炮七进八　…………

红方弃炮轰象,展开攻击。

20. …………　象5退3　21. 炮五平七　车6平8

22. 仕六进五　车8进1　23. 炮七进八　将5进1

黑方如改走士4进5,红方则先仕五进六,再炮七平九,黑亦难抗衡。

24. 马九进七

红方胜势。

第二种走法:卒5进1

9. …………　卒5进1

黑方进中卒,准备从中路进攻。

10. 炮五退一　马7进5　11. 相三进五　…………

红方飞相,是稳健的走法。如改走炮五平七,则车3平7,前炮进五,马5退3,炮七进六,卒5进1,黑方弃子有攻势。

11. …………　车3平4　12. 炮七进五　马5退3

13. 炮五平七　卒5进1

黑方如改走马3退5,红方则车八进六,炮5平3,炮七进六,马5进3,车八平七,红方先手。

14. 仕四进五 ·········

红方补仕,是稳健的走法。

14. ········· 卒5进1　　15. 马三进五　车4平5

16. 马五退三　车5平7　　17. 马三进五　车7平5

18. 马五退三　车5平3

黑方平车捉炮,正着。如改走马3退5,则车八进一,炮8进1,车八平四,红方优势。

19. 车八进一　炮8进1　　20. 车八平四　车3退1

21. 马九进七　车3平7　　22. 马三进五　卒3进1

双方各有顾忌。

第三种走法:炮5平4

9. ········· 炮5平4　　10. 炮五平六　象7进5

11. 相七进五　车3进1

黑方如改走车3平4,红方则炮六进五,车4退3,车八进五,红方主动。

12. 炮七退二

红方先手。

第35局　红两头蛇对黑车骑河捉兵(三)

1. 炮二平五　马8进7　　2. 马二进三　车9平8

3. 车一平二　炮8进4　　4. 兵三进一　炮2平5

5. 兵七进一　马2进3　　6. 马八进九　车1平2

7. 车九平八　车2进5　　8. 炮五退一 ·········

红方退窝心炮,是灵活的走法。

8. ········· 炮8平7

黑方平炮压马,是常见的走法。如改走车2平3,则相三进五,车3退1,炮八进二,马3退5,马三进二,炮8平1,炮五平二,车8平9,马二进三,炮1平9,车二平三,红方主动。

9. 炮八平七 ·········

红方平炮兑车,次序井然。

9. ········· 车2平3

64

黑方如改走车2进4兑车,红方则马九退八,车8进9,马三退二,象3进1,相三进五,卒5进1,炮七进四,马3进5,马八进七,卒7进1,兵三进一,马5进7,炮五平三,红方残局占优。

10. 车八进二　马7退5

黑方退左马,是改进后的走法。

11. 相七进五　车8进9　　12. 马三退二　车3平4

13. 车八进四　卒3进1(图35)

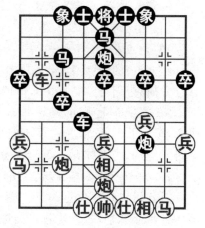

图35

如图35形势,红方有两种走法:车八平七和兵九进一。现分述如下:

第一种走法:车八平七

14. 车八平七　象3进1

15. 马二进三　车4平2

黑方平车2路,大局感甚强,要比进车捉炮有力。

16. 炮七平六　…………

红方平炮,无奈之着。如改走炮七进一,则炮5平6,炮七平三,炮6进1,车七进一,马5进3,红方丢车。

16. …………　车2进2　　17. 炮六进六　马3退2

18. 炮六平九　车2平1　　19. 炮九进一　车1平2

黑方得子占优。

第二种走法:兵九进一

14. 兵九进一　…………

红方挺边兵,是一种尝试。

14. …………　马3进4　　15. 车八进二　炮5平4

16. 车八退八　车4进2　　17. 马九进八　卒3进1

18. 马八进九　象3进1　　19. 炮七退一　车4进1

20. 炮七进一　卒3进1　　21. 炮七平九　车4退1

22. 炮九退一　车4平1　　23. 炮九平七　卒3进1

24. 相五进七　车1退2　　25. 炮五进五　马5进7

26. 炮五退二　车1退2

黑方多子占优。

第36局　红两头蛇对黑车骑河捉兵(四)

1.炮二平五	马8进7	2.马二进三	车9平8
3.车一平二	炮8进4	4.兵三进一	炮2平5
5.兵七进一	马2进3	6.马八进九	车1平2
7.车九平八	车2进5	8.炮五退一	炮8平7
9.炮八平七	车2平3	10.车八进二	马7退5
11.相七进五	车8进9	12.马三退二	车3平4
13.炮五平七	·········		

红方卸炮集中兵力,准备攻击黑方右翼。亦可改走兵九进一,黑方如卒3进1,红方则炮五平七,车4退3,仕四进五,象3进1,车八进二,卒3进1,车八平七,马3进2,车七平四,马5进3,马二进三,马3进4,车四进四,马2进1,前炮平六,车4平3,车四退五,马4进2,炮七平九,马2进1,炮九进二,炮7平5,炮九进三,马1进3,帅五平四,士4进5,马三进五,车3进4,炮六进四,红方易走。

13.········· 车4退3(图36)

黑方如改走车4进3,红方则车八进六,车4平8,车八平六,车8进1,前炮进五,车8退5,仕六进五,车8平2,帅五平六,炮5平4,车六退一,马5进3,车六平七,红方多子,大占优势。

如图36形势,红方有两种走法:仕四进五和马二进三。现分述如下:

第一种走法:仕四进五

14.仕四进五 卒3进1

黑方如改走象3进1,红方则兵五进一,炮7平8,马二进三,卒3进1,车八进一,炮8退6,车八平二,炮5平8,车二平四,马3进2,马九进七,马2进1,前炮平六,马5进3,马七进九,卒1进1,车四平九,卒1进1,车九进一,象1退3,炮六平七,前炮平6,车九退一,炮8进2,车九平二,炮8平9,车二进六,士4进5,车二平三,红方优势。

15.车八进二 炮5平8

黑方如改走象3进1,红方则马二进三,卒3进1,车八平七,马3进2,车七平八,车4进2,兵九进一,车4平6,前炮平六,马5进3,炮七进二,炮7平3,马

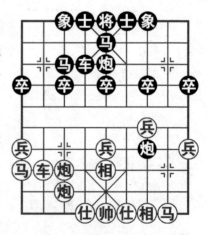

图36

66

九进七,炮5退1,炮六进六,卒7进1,马七进八,马3进2,炮六平八,炮5进1,车八平七,象1进3,炮八进一,士4进5,车七平八,象3退1,炮八平九,卒7进1,车八平三,马2进3,炮九退三,车6进4,相五退七,卒9进1,炮九平六,马3退4,车三平六,车6平7,车六进一,车7退1,相三进五,双方均势。

16. 兵九进一	车4平6	17. 马二进三	象3进1
18. 兵五进一	马5进4	19. 车八平六	马4进2
20. 车六退一	炮7平6	21. 马九进八	士6进5
22. 前炮平八	炮8进4	23. 车六进一	车6平4
24. 车六进三	士5进4	25. 马三进四	炮8进3
26. 相三进一	卒3进1	27. 炮七进六	马2退3
28. 马八进七	炮6平7	29. 帅五平四	将5平6
30. 相五进七	炮8退4	31. 炮八平四	炮7平6
32. 帅四平五	炮8平6	33. 炮四进二	

和势。

第二种走法:马二进三

14. 马二进三　…………

红方进马,开动右翼主力。

14. …………	卒3进1	15. 仕四进五	炮5平8
16. 兵五进一	炮8进5	17. 马九退八	车4平6
18. 车八进六	炮7平6	19. 后炮进四	象3进5
20. 前炮退一	炮8退6	21. 后炮进五	…………

红方进炮打马,是紧凑有力之着。

21. …………	象5退3	22. 后炮进五	马5退3
23. 车八平七	炮6进2	24. 炮七进二	士4进5

25. 车七退五

红方多子占优。

第37局　红两头蛇对黑车骑河捉兵(五)

1. 炮二平五	马8进7	2. 马二进三	车9平8
3. 车一平二	炮8进4	4. 兵三进一	炮2平5
5. 兵七进一	马2进3	6. 马八进九	车1平2
7. 车九平八	车2进5	8. 炮五退一	炮8平7

9. 炮八平七　车 2 平 3　　10. 车八进二　马 7 退 5

11. 相三进五　•••••••••

红方飞右相,是不落俗套的走法。

11. •••••••••　车 8 进 9

12. 马三退二　车 3 平 4(图 37)

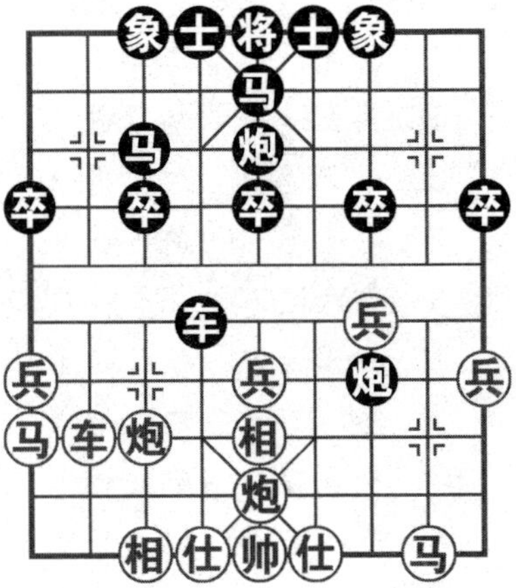

如图 37 形势,红方有两种走法:炮七进五和炮五平七。现分述如下:

第一种走法:炮七进五

13. 炮七进五　马 5 进 3

14. 炮五平七　车 4 进 3

黑方进车捉炮,准备先弃后取,是力争主动的走法。

15. 马二进一　车 4 平 3

16. 马一进三　车 3 平 7

17. 马三进五　卒 5 进 1

18. 马五退七　炮 5 进 4

19. 仕六进五　炮 5 平 8　　20. 帅五平六　车 7 退 2

21. 马七进八　车 7 平 4　　22. 车八平六　车 4 进 1

23. 仕五进六　马 3 进 5

黑方多卒占优。

第二种走法:炮五平七

13. 炮五平七　车 4 进 3　　14. 车八进六　车 4 平 8

15. 仕六进五　车 8 进 1　　16. 车八平六　马 5 进 7

17. 前炮进五　炮 5 进 4　　18. 帅五平六　炮 5 进 2

黑方炮击中仕,是不甘示弱的走法。

19. 帅六进一　•••••••••

红方进帅兑炮,是简明有力的走法。

19. •••••••••　炮 5 平 8　　20. 车六进一　将 5 进 1

21. 后炮平二　车 8 退 1　　22. 帅六进一

红方易走。

图 37

第38局　红两头蛇对黑车骑河捉兵(六)

1. 炮二平五　马 8 进 7　　2. 马二进三　车 9 平 8

3.车一平二　炮8进4　　4.兵三进一　炮2平5

5.兵七进一　马2进3　　6.马八进九　车1平2

7.车九平八　车2进5　　8.炮五退一　炮8平7

9.炮八平七　车2平3　　10.车八进二　马7退5

11.炮五平七　…………

红方平炮打车,形成红方得子、黑方有空心炮攻势,双方各有顾忌的局面。

11.…………　车8进9　　12.马三退二　车3平4

13.前炮进五　…………

红方如改走仕四进五,黑方则车4退3,相三进五,象3进1,马二进三,卒3进1,兵五进一,炮7平8,车八进一,炮8退4,马三进四,炮5进3,马四进五,马3进4,车八平六,车4进1,马五进四,炮8平6,前炮平六,马5进6,车六进一,卒3进1,车六平五,马6进5,炮六进四,马5退4,相五进七,双方大体均势。

13.…………　炮5进4　　14.车八平四　炮5退2

15.帅五进一　马5进4　　16.帅五平四　士4进5

17.仕四进五(图38)　…………

如图38形势,黑方有两种走法:象3进5和车4进1。现分述如下。

第一种走法:象3进5

17.…………　象3进5

18.车四进一　…………

红方亦可改走相七进五,黑方如接走车4进1,红方则车四进二,炮5平1,马九退八,卒5进1,帅四退一,炮7平1,马八进七,前炮平9,马二进一,卒3进1,车四平六,车4平6,帅四平五,马4进2,前炮退一,车6退3,车六平八,车6平3,车八进一,卒5进1,车八退二,炮9退1,马一进三,红方多子,大占优势。

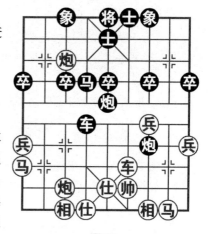

图38

18.…………　车4平7　　19.相七进五　马4进5

20.帅四退一　…………

红方退帅,是稳健的走法。如改走车四进六,则士5退6,相五进三,炮5平6,黑方多子有攻势。

20.…………　炮7平1　　21.马二进一　炮1退1

22. 马九进八　车7平8　　23. 马八进七　车8平6

24. 车四进一　炮1平6　　25. 马一退三　马5进6

26. 马三进四　马6退8　　27. 帅四平五　炮5进2

28. 马七进九

红方优势。

第二种走法：车4进1

17. ……………　车4进1

黑方进车，是改进后的走法。

18. 车四进二　炮7平1　　19. 马二进一　象3进5

20. 后炮进一　炮5平8　　21. 后炮平六　车4平5

22. 帅四退一　卒5进1　　23. 车四进二　马4进5

24. 炮六进四　炮8退1　　25. 车四平三　车5平6

26. 帅四平五　炮1平5　　27. 相三进五　车6平9

28. 车三平二　车9进1　　29. 炮六平四　马5进7

30. 炮四退六　马7进5

黑方弃马踏相，是巧妙之着。

31. 相七进五　车9平5　　32. 炮四进二　车5平1

33. 帅五平四

至此，形成红方多子、黑方多卒，双方各有顾忌的局面。

第39局　红两头蛇对黑车骑河捉兵（七）

1. 炮二平五　马8进7　　2. 马二进三　车9平8

3. 车一平二　炮8进4　　4. 兵三进一　炮2平5

5. 兵七进一　马2进3　　6. 马八进九　车1平2

7. 车九平八　车2进5　　8. 炮五退一　炮8平7

9. 炮八平七　车2平3　　10. 车八进二　马3退5

黑方马3退5，另辟蹊径。

11. 相三进五　……………

红方如改走兵九进一，黑方则车8进9，马三退二，车3平7，相三进五，车7平4，马九进八，炮5平3，马八进九，炮3进5，车八平七，马5进6，车七进四，象7进5，炮五平七，炮7平6，车七退二，车4平3，相五进七，马6进7，相七退五，前马进5，马九进七，马5退6，马二进三，卒7进1，马三进四，炮6平5，仕四进

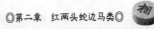

五,马6进4,马四进六,炮5退2,马六进八,士6进5,帅五平四,炮5平6,马八退七,马7进8,帅四平五,马8进9,黑方多卒占优。

11.………… 车8进9　　12.马三退二　车3进1

这里,黑方另有两种走法:

①车3退1,炮五平七,车3平8,马二进三,卒7进1,兵三进一,车8平7,车八进六,马7进8,兵九进一,车7平6,马九进八,马8进6,车八平六,马5进7,前炮进七,士4进5,马八进九,车6平4,后炮平八,炮5平2,车六平八,车4退2,炮七平九,红方优势。

②车3平4,车八进六,车4进2,马九退八,车4退1,马二进三,炮5平4,马八进九,象3进5,炮七进一,卒3进1,炮五平八,卒3进1,炮八进二,车4平3,马九进七,卒3进1,炮八进三,马5退3,车八平四,炮4进4,车四退一,马7退8,炮八进三,炮4平1,仕四进五,士6进5,车四进一,马8进9,兵一进一,红方优势。

13.马二进三　炮5平3

黑方如改走象3进1,红方则兵九进一,卒3进1,马九进八,炮5平4,炮五平七,车3平2,车八进一,炮7平2,后炮平九,炮4平3,马八进七,炮2平1,马三进四,马5进4,炮七平八,象1退3,炮八进四,马4退5,马四进六,红方易走。

14.马九退八　车3平1

黑方平车吃兵,是改进后的走法。如改走车3平2,则车八进一,炮7平2,炮五平七,炮3进5,马八进七,象3进5,马七进六,炮2退4,马六进七,红方优势。

15.炮七进五　马5进3(图39)

如图39形势,红方有两种走法:车八进五和炮五平七。现分述如下:

第一种走法:车八进五

16.车八进五　…………

红方进车捉马,是力争主动的走法。

16.………… 马7退5

17.兵五进一　…………

18.兵五进一　车1平7　　19.马三退二　卒5进1

20.马八进七　…………

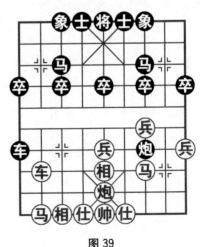

图39

红方进马,正着。如改走炮五进四,则马3进5,黑方易走。

20. ………… 车7平3　　21. 马七进五　卒5进1

22. 马五进七　卒3进1　　23. 马七进五　马3进5

24. 马二进三　车3平7　　25. 车八平二　车7进1

黑方吃马,出于无奈。如误走象3进5,则马三退一,黑方失子。

26. 车二退四　车7平6　　27. 炮五进三　后马进3

28. 马五进三　士4进5　　29. 车二平六

红方优势。

第二种走法:炮五平七

16. 炮五平七　马3退5　　17. 车八进四　车1平2

黑方兑车,势在必行。

18. 车八退三　炮7平2　　19. 马八进七　象7进5

20. 炮七进五　卒7进1　　21. 兵三进一　象5进7

22. 马七进六　炮2平3　　23. 兵一进一　炮3退2

24. 马三进四　卒5进1　　25. 马四进三　马5进6

26. 马六进五　马7进5　　27. 炮七平四　马5退4

28. 炮四平一　马4进6　　29. 炮一平九　炮3退1

30. 炮九退五　炮3平5　　31. 炮九平五　象3进5

和势。

第40局　红两头蛇对黑车骑河捉兵(八)

1. 炮二平五　马8进7　　2. 马二进三　车9平8

3. 车一平二　炮8进4　　4. 兵三进一　炮2平5

5. 兵七进一　马2进3　　6. 马八进九　车1平2

7. 车九平八　车2进5　　8. 炮五退一　炮8平7

9. 炮八平七　车2进4

黑方兑车,是稳健的走法。

10. 马九退八　象3进1　　11. 相三进五　车8进9

12. 马三退二　卒5进1

黑方如改走炮7平1,红方则炮七进四,炮1平9,炮七平三,象7进9,马二进三,炮9进3,相五退三,红方先手。

13. 炮七进四　…………

72

红方以炮打卒,谋取实利,并为左马腾路,是简明实惠的走法。

13. ………… 马7进5 　14. 马八进七　卒7进1

15. 兵三进一　马5进7

16. 炮五平三(图40)　…………

如图40形势,黑方有两种走法:马7进6和马7退6。现分述如下:

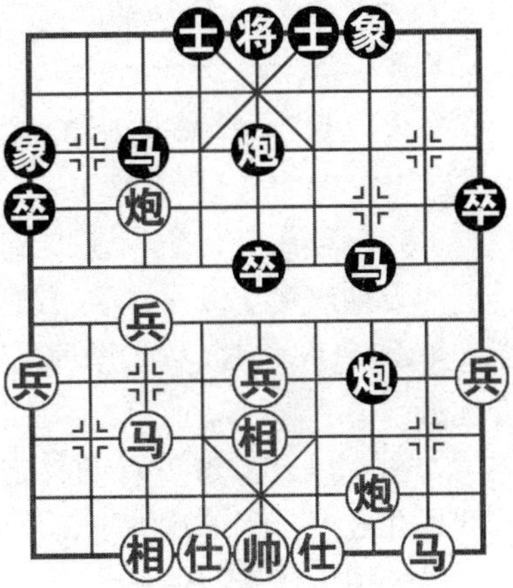

第一种走法:马7进6

16. ………… 马7进6

黑方进马,是无奈之着。

17. 炮三进八　将5进1

18. 马二进四　炮7进1

19. 仕四进五　炮5平8

20. 仕五进四　…………

红方扬仕顶马,着法细腻。

20. ………… 炮7进1　21. 炮三退六　炮8平6

22. 炮七平八　炮6进5　23. 炮八退三　…………

红方退炮捉马,是简明有力的走法。

23. ………… 马6退7　24. 马七进六

红方略优。

第二种走法:马7退6

16. ………… 马7退6

黑方退马保象,嫌软。

17. 马二进四　炮7退5

黑方如改走炮7进1,红方则马七进六,也是红方优势。

18. 仕四进五　炮5退1　19. 马七进六　炮7进3

20. 炮三平一　炮7平9　21. 炮一平二　炮9平8

22. 炮二平三　炮8平7　23. 马六退四　象7进5

24. 炮七平四　炮7退1　25. 前马进二　炮7进1

26. 马二进三

红方多兵占优。

图40

第41局　红两头蛇对黑车骑河捉兵(九)

1. 炮二平五　马8进7　　2. 马二进三　车9平8

3. 车一平二　炮8进4　　4. 兵三进一　炮2平5

5. 兵七进一　马2进3　　6. 马八进九　车1平2

7. 车九平八　车2进5　　8. 炮五退一　炮8平7

9. 相三进五　…………

红方飞相,是稳健的选择。

9. …………　车8进9

10. 马三退二　卒5进1(图41)

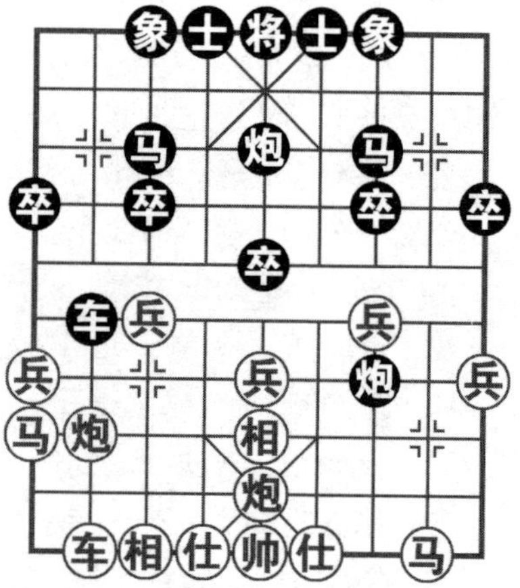

黑方如改走车2平3,红方则马二进一,
车3平7,炮八平七,马3退5,车八进八,红
方优势。

如图41形势,红方有两种走法:炮八平
七和兵九进一。现分述如下:

第一种走法:炮八平七

11. 炮八平七　…………

红方平炮兑车,是简明的走法。

图 41

11. …………　车2进4

12. 马九退八　马3进5　　13. 炮七进四　卒7进1

14. 兵三进一　…………

红方兑兵,是改进后的走法。以往红方多走炮五平三,黑方则卒7进1,炮
三进三,炮7平1,马二进三,卒5进1,兵五进一,炮5进3,仕四进五,象7进5,
双方平稳。

14. …………　马5进7　　15. 炮五平三　后马进5

16. 马八进七　卒5进1

黑方如改走士6进5,红方则马二进四,炮7进1,马七进六,卒5进1,马六
进五,马7退5,兵五进一,炮5进3,仕四进五,象7进5,炮七平一,马5进6,马
四进三,炮5退1,炮三平四,卒1进1,兵一进一,红方多兵占优。

17. 炮三进四　马5进7　　18. 兵五进一　马7进5

19. 仕四进五　炮7退5　　20. 马七进六　士6进5

21. 兵七进一　马5退7　　22. 炮七平三　炮7平9

23. 马二进三　炮5进3　　24. 马六进八　象7进5

25. 兵七平六　炮9平6　　26. 马八退七　卒1进1

27. 兵六平五　炮5平2　　28. 相五进三

红方易走。

第二种走法：兵九进一

11.兵九进一 车2进1

黑方如改走车2平3，红方则马二进一，车3平7，炮八平七，马7进5，车八进六，红方优势。

12.炮八平七 ············

红方如改走马二进三，黑方则马3进5，炮八平七，车2进3，马九退八，卒7进1，兵三进一，马5进7，相五进三，炮5进4，炮七平五，炮5退1，后炮进三，前马进5，马八进七，马7进8，炮五进一，马8进6，马三退二，马6退7，马二进四，炮7平8，马七进六，炮8退3，黑方残局易走。

12.············ 车2进3　　13.马九退八 马3进5

14.炮七进四 ············

红方如改走炮五平三，黑方则卒5进1，马二进四，炮7平6，兵五进一，炮5进3，仕四进五，象7进5，炮七进四，卒7进1，兵三进一，象5进7，兵七进一，象7退5，兵七平六，马5进6，马四进三，炮5进1，炮三进六，炮5平7，兵六进一，炮6平9，马八进七，炮9进3，帅五平四，马6退8，炮三退三，马8进9，黑方优势。

14.············ 卒7进1　　15.兵三进一 马5进7

16.炮五平三 后马进5

黑方如改走炮5进4，红方则仕四进五，后马进5，马二进四，马7进6，炮三进八，将5进1，马八进七，红方稍优。

17.马二进四 炮7进1　　18.仕四进五 炮5平9

黑方如改走卒5进1，红方则炮三进四，马5进7，兵五进一，马7进5，马八进七，炮7平3，炮七退四，马5进3，马四进五，象3进1，马五进三，红方稍优。

19.马八进七 象7进5　　20.马七进六 马7进8

黑方进马捉炮，好棋！如改走炮9进4，则马六进五，马7退5，炮七平一，红方优势。

21.炮七平一 ············

红方如改走马六进五，黑方则马8进7，炮七平一，炮9进4，黑可抗衡。

21.············ 马8进7　　22.炮一平三 马5进7

23.炮三退四 炮9平6

黑方炮9平6，是败局之根源。应改走卒5进1，红方如兵五进一，黑方则马

7进5,这样尚可支撑。

24.相五进三

红方优势。

第42局　红两头蛇对黑车骑河捉兵(十)

1.炮二平五	马8进7	2.马二进三	车9平8
3.车一平二	炮8进4	4.兵三进一	炮2平5
5.兵七进一	马2进3	6.马八进九	车1平2
7.车九平八	车2进5	8.兵九进一	…………

红方献边兵捉车,试探黑方应手,是一种创新。

8.…………　车2平3　　9.炮五退一　炮8平7

黑方如改走卒5进1,红方则相三进五,车3退1,炮八进五,士6进5,马三进四,卒5进1,兵五进一,车3平6,马四退三,车6进3,炮八平五,象7进5,车八进三,炮8进2,车二平三,车8进7,车八平三,车6进1,兵五进一,炮8平5,仕四进五,车8退3,前车平五,红方稍好。

10.相三进五　车8进9

11.相五进七(图42)　…………

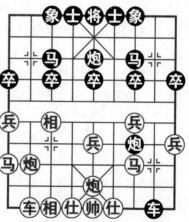

图42

如图42形势,黑方有两种走法:车8退5和车8退1。现分述如下:

第一种走法:车8退5

11.…………　车8退5

黑方退车,准备策应右翼。如改走车8平7捉马,则相七退五,车7退1,炮五平八,红方主动。

12.炮八平七　马3退5

黑方马退窝心,预先防范,是实战中常用的手段。如改走卒5进1,则马九进八,卒5进1,马八进七,炮5退1,兵五进一,炮7平3,相七退五,车8平4,马七退八,车4退2,马八进九,炮3进3,相五退七,马3进1,车八进六,车4进5,炮五进七,马7退5,马三进五,红方大占优势。

13.相七退五　炮5平3

黑方如改走车8平3,红方则炮七进二,象3进1,车八进七,卒7进1,马九进八,卒7进1,炮五平七,车3平4,马八进七,炮5平4,车八平九,炮7平8,马七进六,马5进6,车九进一,红方优势。

14. 炮七进五	马5进3	15. 炮五平七	马7退5
16. 车八进七	车8平3	17. 车八退三	象3进5
18. 车八平四	炮7平8	19. 车四进四	…………

红方借左车右移捉死炮的先手,乘机进车卡住黑方"象腰",为下一步发动攻击创造了有利条件,是灵活有力的走法。

19. …………	马5退3	20. 马三进四	炮8平7
21. 车四平六	…………		

红方先逼迫黑马从右翼转出后,再平车左翼,走得十分紧凑、有序。

21. …………	车3平6	22. 马四进六	前马退1
23. 马六退八	士4进5	24. 车六平八	车6平3
25. 马八进九	车3进3	26. 前马退八	车3退3
27. 炮七平六	…………		

以上先回马捉车,然后再平肋炮,下伏炮六进七捉死马的手段,走得十分细腻。红方如改走马八进九,黑方则车3进2,前马进七,炮7平6,马七进九,炮6退5,黑方有先弃后取的手段。

27. …………	士5进4	28. 马八进九	车3进5

黑方如改走车3进3,红方则炮六平四,黑方亦难应付。

29. 炮六平七	车3平1	30. 前马退八	炮7进1
31. 马九进七			

红方大占优势。

第二种走法:车8退1

11. …………	车8退1	12. 相七退五	车8平7

黑方如改走炮7平8,红方则炮五平八,车8平3,前炮平六,车3退1,仕四进五,车3平1,炮八进二,车1退2,炮八平二,车1退1,炮二平三,马7退5,炮三进三,车1平6,炮三平七,车6平3,车八进六,马3退1,车八进二,车3退1,车八平九,双方均势。

13. 炮五平八	车7平3	14. 前炮进二	车3退1
15. 前炮平七	车3平1	16. 炮八平三	车1退2
17. 炮三进二	马7退5	18. 车八进六	炮5平6
19. 车八平七	象3进5	20. 炮三进三	…………

红方进炮打卒,佳着。黑方如接走炮6进1,红方则车七平五,马3进5,炮

三平五,红胜。

20.…………　车1退1　21.炮七退三　车1平6

22.兵五进一

红方易走。

第43局　红两头蛇对黑车骑河捉兵(十一)

1.炮二平五　马8进7　　2.马二进三　车9平8

3.车一平二　炮8进4　　4.兵三进一　炮2平5

5.兵七进一　马2进3　　6.马八进九　车1平2

7.车九平八　车2进5　　8.仕四进五　…………

红方补仕,巩固阵形。

8.…………　车2平3

黑方如改走卒3进1,红方则兵七进一,车2平3,炮八进一,炮8平2,车二进九,马7退8,车八进三,车3退1,马九进七,马3进4,马七进六,车3平4,炮五进四,士6进5,炮五平一,卒7进1,车八进一,马8进7,炮一退一,卒7进1,炮一进四,象7进9,车八平三,车4平7,车三进一,象9进7,相三进五,炮5平1,兵五进一,红方多兵占优。

9.炮五平六　卒5进1

黑方如改走炮8平7,红方则车二进九,马7退8,相三进五,以下黑方有两种走法:

①车3平2,兵九进一,车2进1,炮八平七,车2进3,马九退八,马3退1,马八进九,卒3进1,马九进八,炮5平3,炮七进五,马1进3,炮六平七,马3退1,马八进九,象7进5,兵九进一,马1进2,兵九平八,马2退4,马九进七,卒7进1,兵三进一,象5进7,炮七平六,马8进7,马七退六,红方稍优。

②车3退1,兵九进一,炮5平9,炮八进二,象7进5,兵五进一,车3平8,车八进三,炮7平8,马三进四,炮9进4,兵三进一,炮9平2,兵三平二,炮8进3,炮六平七,炮2平9,仕五进四,马3退1,马四进三,马8进9,马三退四,炮8退4,马四退三,炮8平2,马九进八,炮9退1,马八进六,红方易走。

10.相三进五　车3退1(图43)

如图43形势,红方有两种走法:炮八进一和炮八进二。现分述如下:

第一种走法:炮八进一

11.炮八进一　炮8平2

黑方如改走炮8进1,红方则炮八平七,卒5进1,炮六平七,车3平8,前炮

78

进四,卒5进1,马三进五,马7进5,兵三进一,马5进7,马五进四,马7进6,马四进五,象7进5,后炮退一,炮8平9,车二平三,前车进5,仕五退四,炮9进2,黑有攻势。

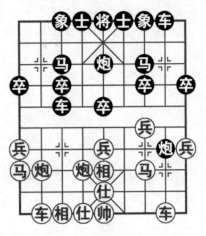

图43

12. 车二进九　马7退8

13. 车八进三　卒5进1

14. 兵五进一　马3进5

15. 车八平六　卒7进1

16. 马九进七　卒7进1

17. 炮六平七　车3平7

18. 车六进三　马8进7

19. 马七进六　卒7进1

黑方如改走卒3进1,红方则炮七进七,士4进5,炮七退一,炮5进3,马六进四,卒7平6,马三进五,士5进4,车六平九,将5平4,炮七平二,卒6进1,车九进三,将4进1,车九退一,将4退1,马四进三,马5退6,车九平四,士6进5,炮二进一,将4进1,车四退五,红方多子胜势。

20. 马三进五　象3进1

21. 炮七平八　炮5进3

22. 炮八进七　士4进5

23. 马六进八　士5进4

24. 马八进七　马5退4

25. 车六进一　马7进5

26. 炮八退一　卒7平6

27. 车六平九　车7平2

28. 车九进二　将5进1

29. 马七退六　将5进1

30. 炮八平七　车2退2

31. 马五退七

红方优势。

第二种走法:炮八进二

11. 炮八进二　卒5进1

黑方如改走马3进5,红方则炮八平七,象3进1,炮六平七,车3平4,前炮平九,车4平1,车八进四,马5进3,炮七进四,炮8平1,车二进九,马7退8,马九进七,炮1平5,车八进四,士4进5,马七进八,士5进4,马三进五,车1进1,马五进四,马3进4,炮七平五,将5平4,马四退五,红胜。

12. 兵五进一　炮8进1

13. 马三进四　炮8退2

14. 炮八平七　炮8进1

15. 车八进四　炮8退1

16. 炮六平七　车3平6

17. 马四退三　炮8进2

79

18.前炮进三　炮8平9　　19.车二进九　马7退8

20.马三退一　炮9平3　　21.炮七退五　车6平3

22.车八平七

红方多子,大占优势。

第二节　黑右车巡河变例

第44局　红两头蛇对黑右车巡河(一)

1.炮二平五　马8进7　　2.马二进三　车9平8

3.车一平二　炮8进4　　4.兵三进一　炮2平5

5.兵七进一　马2进3　　6.马八进九　车1平2

7.车九平八　车2进4

黑方升车巡河,准备右车左移争先,是近年来兴起的走法。

8.炮八平七　车2平8　　9.车八进六　…………

红方左车过河,准备吃卒压马,展开攻势。

9.…………　炮8平7

黑方平炮压马兑车,着法积极。这里,另有两种走法:

①马3退5,车八平七,炮8平7,车二平一,卒7进1,车七进二,卒7进1,车七平六,象3进1,相三进一,前车平2,车一进一,马7进8,车一平六,车2退4,后车进三,马8进6,相一进三,马6进7,炮七进三,马5进7,相三退一,炮5进4,仕六进五,马7进6,后车平四,马6进8,帅五平六,马8进7,炮五进四,车8进3,车六平四,红方胜势。

②炮5平6,车八平七,象3进5,兵七进一,炮8平7,车二平一,士4进5,兵七平六,马3退4,炮七进一,炮6进1,兵六进一,马4进2,车七平八,炮7平3,马九进七,马2退4,车一进一,前车平6,车一平六,象5退3,车八进一,象7进5,兵六平五,红方优势。

10.车二平一　马3退5　　11.车八平七　卒7进1

12.车七进二　卒7进1　　13.车七平六　象3进1

14.仕六进五　前车平2

15.帅五平六　车2退4

黑方左车被迫撤回右翼底线来防守,虽然耗费步数,但是有一过河卒作为

80

补偿。

16.兵九进一(图44)···········

如图44形势,黑方有两种走法:炮7平8和马7进8。现分述如下:

第一种走法:炮7平8

16.··········· 炮7平8

黑方如改走炮7平6,红方则马九进八,炮6退5,车六退一,炮6平7,炮七平八,红有攻势。

17.马九进八 炮8退5

18.车六退一 马5退3

19.车六进二 将5进1

20.马八进九 马2进3

21.车一平二 炮8进7

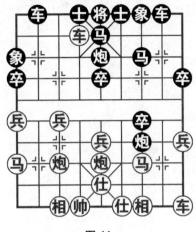

图44

22.车六退一 将5退1 23.炮七进七 象1退3

24.马九进八 士6进5 25.车六平七 车2平4

26.炮五平六 卒7进1 27.兵七进一 卒7进1

28.兵七进一 车4退3 29.车七退一 车4进1

30.车七进二 士5退4 31.兵七进一 车4平2

32.兵七平六 炮5进4 33.炮六进七 车8进4

黑方胜势。

第二种走法:马7进8

16.··········· 马7进8 17.车一平二 ···········

红方出车,拴链黑方车、马,被黑方窝心马顺利跃出后,黑方局势立即扭转。如改走马九进八,则马5进7,马八进九,士6进5,炮五平六,车2进3,炮七平九,马8进6,相三进五,马6进5,炮九平五,炮5平4,帅六平五,车2平1,车六平八,车1进2,兵一进一,车8进4,相七进九,炮7平8,车一平三,车1进1,马三退一,炮8平7,炮六平八,车1平5,黑方优势。

17.··········· 马5进7 18.相三进一 士6进5

19.相一进三 车2进6 20.炮五平六 ···········

红方卸中炮,准备调整阵形。如改走车二进三,则车8进3,也是黑方子力灵活易走。

20.………… 马8进6 21.车二进九 马7退8

黑方进马兑窝车,可以谋得多卒之利,是简明有力的走法。

22.车六退二 马8进7 23.炮七进一 马7进8

24.炮七平三 马8进7 25.相三退五 炮5平7

26.马三退二 车2平5 27.车六退二 马7退8

黑方优势。

第45局　红两头蛇对黑右车巡河(二)

1.炮二平五 马8进7 2.马二进三 车9平8

3.车一平二 炮8进4 4.兵三进一 炮2平5

5.兵七进一 马2进3 6.马八进九 车1平2

7.车九平八 车2进4 8.炮八平七 车2平8

9.车八进六 炮8平7 10.车二平一 马3退5

11.车八平七 卒7进1 12.车七进二 卒7进1

13.车七平六 象3进1 14.相三进一 …………

红方飞相,下伏车一进一再车一平六的攻击手段,较易掌握主动权。

14.………… 前车平2

黑方如改走炮7平8,红方则车一进一,前车平2,车一平六,车2退4,仕六进五,炮8退5,前车退三,卒7进1,帅五平六,马5退3,前车进四,将5进1,马三退二,炮8平9,马二进四,卒7平6,炮五平三,车8进5,后车进四,象7进9,双方陷入混战局面。

15.车一进一 马7进8

16.车一平六 车2退4(图45)

如图45形势,红方有两种走法:后车进六和炮五进四。现分述如下:

第一种走法:后车进六

17.后车进六 卒7平6

18.后车平九 车8进3

黑方如改走马5进7,红方则车六平四,士4进5,车九平五,炮7平6,车五平三,马8退7,车四退四,炮6平1,车四平三,马7进6,兵七进一,车2平4,炮五进四,象7进5,

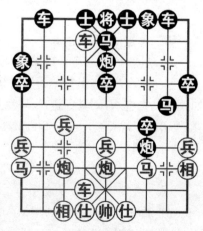

图45

炮五退一,红方优势。

　19.仕六进五　车8平6　　20.车九平七　炮7退5

　21.车七进二　炮7平4　　22.车七平八　马5进7

　23.炮五平六　炮4平7　　24.兵七进一　车6进1

　25.兵七平八　车6平4

黑方易走。

第二种走法:炮五进四

　17.炮五进四　············

红方炮打中卒,是改进后的走法。

　17.············　马8进6　　18.炮七平五　马6退5

　19.炮五进四　车8进3　　20.后车进五　车8平5

　21.后车平五　马5进7　　22.车五进一　象7进5

　23.相一进三

红方稍优。

第46局　　红两头蛇对黑右车巡河(三)

　1.炮二平五　马8进7　　2.马二进三　车9平8

　3.车一平二　炮8进4　　4.兵三进一　炮2平5

　5.兵七进一　马2进3　　6.马八进九　车1平2

　7.车九平八　车2进4　　8.炮八平七　车2平8

　9.车八进六　炮8平7　　10.车二平一　马3退5

　11.车八平七　卒7进1　　12.兵三进一　············

红方拱兵兑掉7卒,是稳健的走法。

　12.············　前车平7

　13.车七进二(图46)　············

如图46形势,黑方有两种走法:车8进5和象3进1。现分述如下:

第一种走法:车8进5

　13.············　车8进5

黑方进车骑河,抢占要道,随时可以策应右翼,是紧凑有力之着。

　14.仕六进五　马7进6

黑方跃马,是力争主动的走法。如改走车7进1,则车七平六,车7平3,炮七进一,炮5平3,炮五平七,炮3进4,炮七进二,车8平3,相三进五,车3退2,

兵九进一,车 3 平 4,车六退二,马 5 进 4,双方大体均势。

15.车七平六　车 8 平 3

黑方平车吃兵,失算。应先走象 3 进 1 解杀,下一步再车 8 平 4 兑车,黑方尚可一战。

16.炮五进四　…………

红方抓住黑方的失误,挥炮巧击中卒(黑方不能车 3 进 2 吃炮,否则红方帅五平六绝杀),顿时令黑方难以应对。

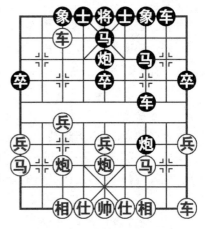

图 46

16.…………　马 6 进 4

黑方进马捉炮,再次失算。应改走象 3 进 1,红方如接走炮七平八,黑方则车 3 进 4,仕五退六,车 3 退 9,炮八平五,马 6 退 7,前炮退一,车 3 进 3,兵九进一,红方虽仍占优势,但黑方尚可支撑。

17.相三进五　车 3 退 2

红方飞相捉车,构思十分巧妙,也是迅速扩大优势的精彩之着。黑方如改走车 3 平 2,红方则兵九进一,车 2 退 2(如车 2 平 1,则马九进七),车六退四,车 2 平 5,帅五平六,马 5 进 7,车六进五,将 5 进 1,车一平二,车 7 平 8,车二进五,马 7 进 8,马九进八,红方亦大占优势。

18.炮七进七　车 3 退 3　　19.车六退四　车 7 退 1

黑方如改走车 7 平 5,红方则车六平五,车 5 进 1,兵五进一,车 3 进 3,兵五进一,车 3 进 1,车一平二,车 3 平 5,车二进六,红方亦呈胜势。

20.车六进二　车 7 平 6　　21.车一平二　炮 7 退 3

22.车二进六　炮 7 平 5　　23.车二平四　前炮进 4

24.相七进五　炮 5 进 5　　25.仕五退六　马 5 进 6

26.车六平四

红方多子胜势。

第二种走法:象 3 进 1

13.…………　象 3 进 1　　14.仕四进五　…………

红方亦可改走车七平六,黑方如走车 7 平 2,红方则仕六进五,车 8 进 4,炮七进一,车 8 平 7,炮七平三,车 7 进 2,帅五平六,车 2 退 4,车一进二,马 7 进 8,炮五进四,马 8 进 6,炮五退一,马 6 退 7,炮五退一,炮 5 进 2,马三退一,象 7 进 5,车一平三,车 7 平 5,车三进二,红方优势。

14. ·········· 马7进6

黑方以改走车8进5为宜。

15. 炮七平八　马6进5　　16. 炮五进四　车8进3

17. 炮八进七　象1退3　　18. 车七进一　车8平5

19. 车七退三　后马退3　　20. 车七平五　马5进7

21. 相三进五　炮7平8　　22. 马九进七　炮8进3

23. 马七进五　车7平6　　24. 仕五进四　炮8退8

25. 仕六进五　炮8平5　　26. 车五平七　后炮进4

27. 车七进三　车6平2　　28. 炮八平六

红方大占优势。

第47局　红两头蛇对黑右车巡河(四)

1. 炮二平五　马8进7　　2. 马二进三　车9平8

3. 车一平二　炮8进4　　4. 兵三进一　炮2平5

5. 兵七进一　马2进3　　6. 马八进九　车1平2

7. 车九平八　车2进4　　8. 炮八平七　车2平8

9. 车八进六　炮8平7　　10. 车二平一(图47) ···········

如图47形势,黑方有两种走法:后车进

1和炮5平6。现分述如下:

第一种走法:后车进1

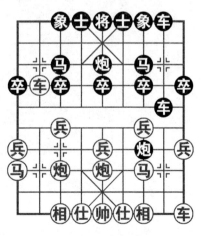

图47

10. ·········· 后车进1

黑方高车策应右翼,是灵活的走法。

11. 仕四进五　卒7进1

12. 车八平七　马3退1

13. 兵三进一　前车平7

14. 相三进一　卒1进1

黑方以改走炮5平3进行反牵制为宜。

15. 车一平四　车8进4

16. 车四进三　车4进5

黑方应改走象3进1,较为顽强。

17. 车七退一　···········

红方退车邀兑黑车,一击中的! 使黑方阵形立即崩溃。

17. ………………　车7平3　　　18. 兵七进一　炮7退2

19. 车四进四　马7进8

黑方进马失子,除此之外,别无良策。

20. 马三进四　车4平5　　　21. 马四进二　车5退2

22. 马二进三　炮5平7　　　23. 车四平三　炮7平3

24. 炮七平六　象3进5　　　25. 炮五平二　车5进2

26. 相一退三

红方多子占优。

第二种走法:炮5平6

10. ………………　炮5平6　　　11. 车八平七　象7进5

12. 兵七进一　士6进5　　　13. 兵七平六　………………

红方亦可改走兵九进一,黑方如卒7进1,红方则兵三进一,前车平7,兵七平六,炮7平8,车一进二,炮8退3,兵六进一,红方优势。

13. ………………　马3退1　　　14. 车七平九　马1进3

15. 车九平七　马3退1　　　16. 兵六进一　炮6进1

17. 炮七进一　卒7进1　　　18. 炮七平三　马7进6

19. 炮三进二　炮6平7　　　20. 炮五进四　马3进4

21. 车七退二　马4进6　　　22. 车一进一　马6退7

23. 兵三进一　前车平7　　　24. 马三退五　车8进6

25. 相三进五

红方多子占优。

第48局　红两头蛇对黑右车巡河(五)

1. 炮二平五　马8进7　　　2. 马二进三　车9平8

3. 车一平二　炮8进4　　　4. 兵三进一　炮2平5

5. 兵七进一　马2进3　　　6. 马八进九　车1平2

7. 车九平八　车2进4　　　8. 炮八平七　车2平8

9. 兵七进一(图48)　………………

红方弃七路兵,另辟蹊径。

如图48形势,黑方有两种走法:前车平3和炮8平7。现分述如下:

第一种走法:前车平3

9. ………………　前车平3　　　10. 炮七退一　炮8平7

11. 车二进九　马7退8

12. 仕四进五　马8进7

13. 相三进一　…………

红方以改走兵五进一为宜。

13. …………　卒5进1

14. 兵五进一　卒5进1

15. 车八进三　炮7平5

16. 马三进五　卒5进1

17. 炮五进五　象7进5

18. 车八平五　车3进3

双方均势。

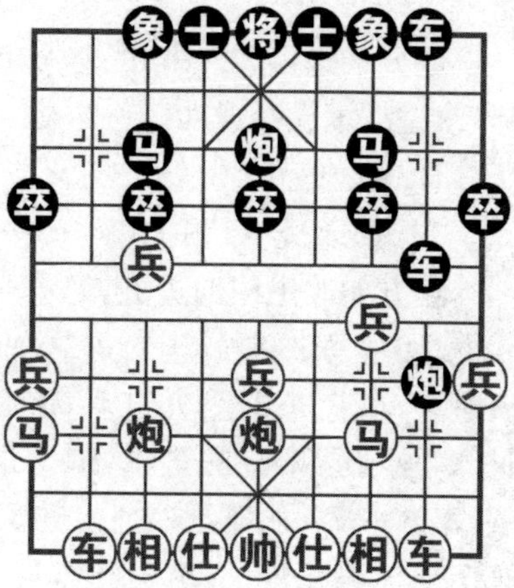

图 48

第二种走法：炮8平7

9. …………　炮8平7

黑方平炮兑车攻相，是改进后的走法。

| 10. 车二进五　车8进4 | 11. 兵七进一　车8平3 |
| 12. 炮七退一　车3退1 | 13. 兵五进一　………… |

红方冲中兵，是紧凑有力之着。

13. …………　车3进1	14. 相三进一　马3进2
15. 车八进三　炮7平1	16. 车八进一　士4进5
17. 马三进五　炮1平4	18. 仕四进五　炮5平2

黑方平炮打车嫌急，以改走卒1进1为宜。

| 19. 车八平九　炮2平1 | 20. 车九平八　象3进5 |

21. 兵五进一

红方易走。

第49局　红两头蛇对黑右车巡河（六）

1. 炮二平五　马8进7	2. 马二进三　车9平8
3. 车一平二　炮8进4	4. 兵三进一　炮2平5
5. 兵七进一　马2进3	6. 马八进九　车1平2
7. 车九平八　车2进4	8. 炮八平七　车2平8

9. 炮七进四　…………

红炮打兵胁象，是改进后的走法。

9.·········· 象3进1　　10.炮七平三　··········

红方平炮再轰一卒，既避开黑方炮8平7和卒7进1的先手，又形成多兵之势，改进战术已获成功。

10.·········· 士6进5

11.仕六进五(图49)　··········

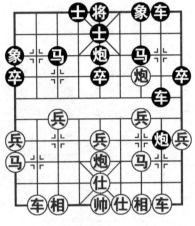

图49

红方如改走仕四进五，黑方则马3进2，兵九进一，马2进4，车二进一，前车平6，兵五进一，车6进2，马九进八，炮8平7，车二进八，马7退8，兵三进一，炮7退3，兵三进一，车6平7，马三退一，炮5进3，车八进二，车7平9，马一进三，车9平7，马三退四，炮5进1，车八进一，马4进6，黑方优势。

如图49形势，黑方有两种走法：马3进2和后车进3。现分述如下：

第一种走法：马3进2

11.·········· 马3进2

黑方如改走马3进4，红方则车八进五，也是红方优势。

12.车二进三　··········

面对黑方进外马后，伏有炮5平2打车和马2进4侵扰的手段，红方果断地弃车砍炮，采用一车换双的战术，迅速扩大了先手。

12.·········· 炮5平2

黑方如立即走前车进2，红方则车八进五，红方更易开展攻势。

13.炮五平八　马2进1　　14.炮八平五　马1退2

15.炮五平八　前车进2

按象棋规则规定，黑马不能长捉红车，所以只好变着。

16.炮八进五　前车退2　　17.马三进四　马2进4

18.炮八进一　··········

红方炮八进一，下伏车八进七捉双的攻击手段，是紧凑有力之着。

18.·········· 前车平6　　19.马四退五　车6退2

20.兵五进一　马4进5　　21.相三进五　··········

红方退中马，再兵五进一兑去黑子，减少黑方可能的反击之势，是老练的走法。

21. ⋯⋯⋯⋯ 象7进5　　22.车八进五　车8进6

23.兵三进一

红方优势。

第二种走法:后车进3

11. ⋯⋯⋯⋯ 后车进3

黑方进车捉炮,是改进后的走法。

12.炮三退一　马7进6　　13.兵七进一　象1进3

14.车八进四　马6进5　　15.马三进五　⋯⋯⋯⋯

红方如改走炮三进二,黑方则马5进7,炮三退五,象3退1,兵三进一,前车平7,车二进二,炮5平7,车八进四,车7平3,黑方胜势。

15. ⋯⋯⋯⋯ 炮5进4　　16.车八平五　炮5平9

17.车二平一　前车平9　　18.车五平七　象7进5

19.炮三进二　象5退7　　20.炮三退二　象7进5

21.炮三进二　象5进7　　22.炮三退二　象7进5

23.炮三进三　炮9平1　　24.车一进五　卒9进1

25.炮三退一　马3退1　　26.车七平九　炮1平6

27.车九进二　车8平7　　28.车九进二　车7进2

29.车九退二　车7退3　　30.车九平五　车7进7

黑方优势。

第50局　红两头蛇对黑右车巡河(七)

1.炮二平五　马8进7　　2.马二进三　车9平8

3.车一平二　炮8进4　　4.兵三进一　炮2平5

5.兵七进一　马2进3　　6.马八进九　车1平2

7.车九平八　车2进4　　8.炮八平七　车2平8

9.炮七进四　象3进1　　10.炮七平三　士6进5

11.车八进六(图50)　⋯⋯⋯⋯

红方挥车过河,压制黑方右翼子力,是力争主动的走法。

如图50形势,黑方有三种走法:马3进4、炮5平6和后车进3。现分述如下:

第一种走法:马3进4

11. ⋯⋯⋯⋯ 马3进4

黑方右马盘河,嫌急。

12. 车八退一　　马 4 进 5

13. 车八平二　　车 8 进 4

14. 兵三进一　　马 5 进 7

15. 炮五进五　　象 7 进 5

16. 炮三退四　　象 5 进 7

17. 炮三进五　　卒 5 进 1

18. 炮三平八　　象 7 退 5

19. 炮八退三　　卒 1 进 1

20. 车二进二　　车 8 退 1

21. 炮八退三　　车 8 平 2

22. 炮八平五　　车 2 进 3

23. 炮五进六　　士 5 进 6

24. 车二平五　　炮 8 平 1　　25. 车五进三

红方大占优势。

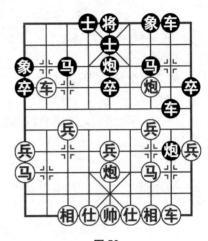

图 50

第二种走法:炮 5 平 6

11. …………　　炮 5 平 6

黑方卸炮,准备调整阵形,是稳健的走法。

12. 兵七进一　　前车平 3　　13. 车八平七　　象 7 进 5

14. 车七退一　　象 1 进 3　　15. 兵九进一　　象 3 退 1

16. 马九进八　　象 1 退 3　　17. 车二进一　　车 8 进 4

18. 炮五平八　　卒 9 进 1　　19. 相三进五　　炮 6 进 4

20. 仕四进五　　炮 8 进 1　　21. 炮八退一　　炮 6 退 4

22. 马三进四　　车 8 平 6　　23. 车二进一　　车 6 进 1

24. 马八进七　　车 6 退 1　　25. 炮八进六

红方易走。

第三种走法:后车进 3

11. …………　　后车进 3　　12. 炮三进三　　炮 8 平 7

13. 车二平一　　马 3 进 4　　14. 车八进一　　马 4 进 6

以往黑方曾走后车退 3,红方则炮五平八,马 4 进 6,兵三进一,前车进 4,仕四进五,马 6 进 8,炮八退一,象 1 退 3,炮三退一,后车进 1,炮三进一,马 8 进 7,炮八平三,前车平 7,车一进二,车 8 平 6,相三进五,车 6 进 7(下伏车 7 进 1,仕五退四,车7平6,马三退四,炮7进3杀的手段),仕五退四,车6退1,兵三进一,车7退1,车一平三,车6平7,仕六进五,马7退8,黑方得子占优。

15. 兵三进一　前车进4　　16. 兵三进一　后车退3

17. 兵三进一　后车平7　　18. 车八平五　车7平6

19. 仕六进五　马6进7　　20. 车五平九　车8平9

21. 炮五平八　士5进4　　22. 炮八进七　士4进5

23. 炮八平四　车9进1　　24. 车九进二　士5退4

25. 相七进五　车9退1　　26. 兵三平四　车9平6

27. 炮四平三　炮7平8　　28. 炮三平六　车6退6

29. 炮六平八

红方大占优势。

第51局　　红两头蛇对黑右车巡河(八)

1. 炮二平五　马8进7　　2. 马二进三　车9平8

3. 车一平二　炮8进4　　4. 兵三进一　炮2平5

5. 兵七进一　马2进3　　6. 马八进九　车1平2

7. 车九平八　车2进4　　8. 炮八平七　车2平8

9. 炮七进四　象3进1　　10. 炮七平三　士6进5

11. 炮五退一　…………

红方退窝心炮,是创新的走法。

11. …………　后车进3

12. 炮五平三(图51)　…………

红方平炮,是上一回合红退窝心炮的后续手段。

如图51形势,黑方有两种走法:后车平7和前车平6。现分述如下:

第一种走法:后车平7

12. …………　后车平7

13. 兵三进一　车7进1

14. 炮三进四　车8平7

15. 车二进三　车7退3

16. 相七进五　马3进4

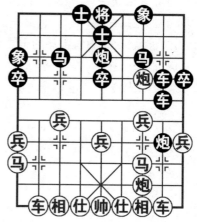

图51

91

17.仕六进五　马4进6　　18.车二平四　马7进8

19.车八进五　炮5平6　　20.车八平四　卒5进1

黑方应改走车7退4,红方如接走兵五进一,黑方则马8进7,前车进二,士5进6,车四进一,士6退5,双方大体均势。

21.马九进七　…………

红方跃马出击,紧凑有力。

21.…………　车7退4　　22.兵五进一　卒5进1

23.马七进五　车7平5　　24.马五进六　象7进5

25.后车平八　马8退6　　26.车四平八　后马退8

27.前车进一　马8进7　　28.前车平五　马6退5

29.相五进三

红方易走。

第二种走法:前车平6

12.…………　前车平6

黑方平车控肋,是改进后的走法。

13.相三进五　车6进2

黑方如改走车6进4,红方则后炮退一,马3进4,仕六进五,马4进5,马三进五,炮5进4,车八进三,炮8平2,车二进六,象7进5,前炮平一,马7进9,车二平五,炮5平1,车五平九,马9进8,车九退三,车6退2,双方均势。

14.仕六进五　车8平7　　15.兵三进一　车7平8

16.兵三进一　车8进1　　17.兵三进一　车6进2

18.炮三平一　车8退1　　19.兵七进一　…………

红方献兵,是力争主动的走法。

19.…………　车6平7　　20.马三进四　炮8进1

21.兵七进一　车7平9　　22.兵七进一　炮5进4

23.车八进六　车9平7　　24.车八平五　车8平5

25.马四进五　炮8平9　　26.马九进七　车7退5

27.马五退四　车7退1　　28.马七进六　炮5退2

红方易走。

第三节　其他变例

第52局　红平七路炮对黑右直车

1.炮二平五　马8进7　　2.马二进三　车9平8

3.车一平二　炮8进4　　4.兵三进一　炮2平5

5.兵七进一　马2进3　　6.炮八平七 …………

红方平炮遥控黑方3路线,是不落俗套的走法。

6. ………… 车1平2　　7.兵七进一 …………

红方强渡七兵,是第6回合平炮后的续
进着法。如改走马八进九,则车2进5,车九
平八,车2平3,车八进二,双方另有不同的
攻守变化。

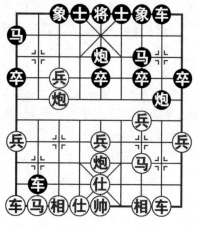

7. ………… 车2进8

8.兵七进一　马3退1

9.仕四进五 …………

红方补仕,正着。如改走兵七平六,则炮
5平3,炮七平六,马1进2,黑方下伏马2进
3的凶着,反夺先机。

9. ………… 炮8退2

10.炮七进三(图52) …………

图52

如图52形势,黑方有两种走法:炮5平2和车2退4。现分述如下:

第一种走法:炮5平2

10. ………… 炮5平2　　11.马三进四　象3进5

黑方飞右象,略欠精确。应改走象7进5,红方如炮七平六,黑方则炮2平
7,马四进五,炮8平5,车二进九,炮5进3,相三进五,马7退8,马五退六,形成
红方多兵、黑方得子的二分局面。

12.炮七平六　士6进5

黑方以改走炮2平7打马为宜。

13.马四进五　炮8平5　　14.车二进九　炮5进3

15.相三进五　马7退8　　16.炮六平二 …………

93

红方平炮,既可进炮压马争先,又可退炮逐车解围,是攻守两利之着。

16.………	炮2进7	17.炮二进三	马1退3
18.兵七进一	车2退4	19.兵五进一	马3进2

黑方如改走车2平8,红方则车九平八,车8退3,兵七进一,车8进5,兵七进一,象5退3,兵九进一,也是红方多兵占优。

20.马五退六	炮2平4	21.仕五退六	车2平8
22.兵七平八	车8退3	23.兵五进一	

红方优势。

第二种走法:车2退4

10.………	车2退4	11.炮七退一	卒7进1
12.车二进四	炮8退1	13.炮七平九	炮8平3

黑方平炮弃马,是正确的选择。如改走炮5平1,则马八进七,红方优势。

14.车二进五	马7退8	15.炮九进四	卒7进1
16.马八进九	………		

红方应改走马八进七,黑方如车2平3,红方则炮五进四,士6进5,相七进五,车3进3,车九平八。至此,红方弃还一子,形成黑方有卒过河,红方车双炮占势,双方各有顾忌的局面。

16.………	卒7进1	17.马三退一	马8进7
18.车九平八	炮5平3	19.仕五退四	车2进5
20.马九退八	后炮进7	21.仕六进五	后炮进5
22.炮九平三	马7进6	23.炮五进四	马6进4
24.炮五平三	象7进5	25.前炮退五	

红方稍好。

小结: 中炮对左炮封车转列炮中,红两头蛇边马变例,是近期较为流行的走法。黑方第7回合车2进5黑车骑河,着法稳健。红方第8回合炮八平七平炮兑车,系旧式攻法,现已很少采用。红方第8回合炮五退一退窝心炮,变化多端,可形成亦柔亦刚的弹性局面,演变结果是红方可稳持先行之利。红方第8回合兵九进一或仕四进五,均为新的尝试,实战效果较好,孰优孰劣,尚难定论,有待于棋手们的进一步实践和探讨。黑方第7回合车2进4升车巡河,容易引起激烈的对攻局面。红方第9回合炮七进四的打卒胁象,是改进后的走法,实战效果较佳。

第三章　红进三兵边马类

第一节　红进边马变例

第53局　红跳边马对黑挺卒(一)

1.炮二平五　马8进7　　2.马二进三　车9平8

3.车一平二　炮8进4　　4.兵三进一　炮2平5

5.马八进九　马2进3　　6.车九平八　卒3进1

黑方挺卒活马,正着。如改走车1平2,则炮八进四,红方先手。

7.炮八平七　马3进4

黑方跃马河口,准备谋取中兵,是力争主动的走法。

8.车八进四　马4进5

9.马三进五　炮5进4

10.仕六进五(图53)…………

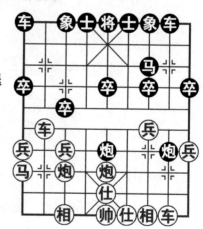

图53

如图53形势,黑方有两种走法:炮5退2和象3进5。现分述如下:

第一种走法:炮5退2

10.…………　炮5退2

黑方退中炮,是稳健的走法。

11.炮七进三　…………

红方以炮打卒,谋取实惠。

11.…………　车1进2

黑方如改走士4进5,红方则车八平六,

车1平2,车二进二,车2进3,兵九进一,红方主动。

12.车八平六　象7进5　　13.炮七进一　炮8进1

14.马九退七　士6平5　　15.兵七进一　车1平3

16.兵七进一　…………

95

红方献兵,正着。

16. ·········· 象5进3　　17. 车六进二　象3退1

18. 马七进六　炮5进2　　19. 马六进八　炮5退2

黑方以改走象3进5为宜。

20. 马八进九　车3平2　　21. 炮七平五　象3进5

黑方如改走马7进5,红方则车六平五,车2进3,马九退八,红方大占优势。

22. 帅五平六　将5平6　　23. 车二进一　··········

红方大占优势。

第二种走法:象3进5

10. ·········· 象3进5

黑方飞象,巩固阵形。

11. 车八平五　炮5平7

黑方炮5平7,是改进后的走法。以往黑方曾走炮5平9,红方则兵九进一,士4进5,兵三进一,卒7进1,车五平一,炮9平3,马九进七,红方多子占优。

12. 车二进二　士4进5　　13. 车二平四　车1平4

14. 车四进六　车4进6　　15. 炮五平二　炮8退1

黑方退炮打车,正着。

16. 车五退二　··········

红方退车,正着。如改走兵三进一,则炮8平7,车五平三,卒7进1,黑方优势。

16. ·········· 炮7平8　　17. 兵九进一　炮8进2

18. 炮七平二　炮8平5　　19. 车四退五　车8进7

20. 车五进一　车4退1

黑方稍优。

第54局　　红跳边马对黑挺卒(二)

1. 炮二平五　马8进7　　2. 马二进三　车9平8

3. 车一平二　炮8进4　　4. 兵三进一　炮2平5

5. 马八进九　马2进3　　6. 车九平八　卒3进1(图54)

如图54形势,红方有两种走法:炮八平六和仕四进五。现分述如下:

第一种走法:炮八平六

7. 炮八平六　马3进4

这里,黑方另有两种走法:

①车1平2,车八进九,马3退2,炮六进四,卒1进1,仕四进五,马2进3,马三进四,炮8退1,马四进三,炮8进2,马三退四,炮5进4,炮六平七,炮5退1,兵三进一,车8进5,兵三进一,马7退5,马四退三,炮8平5,相三进五,车8进4,马三退二,马3退2,马二进四,马2进1,炮七平八,马5进3,兵一进一,马3进4,黑方足可一战。

②士4进5,仕四进五,马3进4,车八进四,卒1进1,车八平六,马4退3,兵三进一,卒7进1,马三进二,炮8平7,炮五平二,车8平9,相三进五,卒5进1,车二平三,炮7平

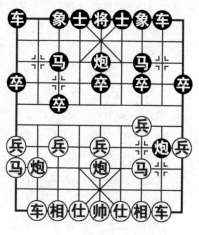

图54

8,车六进二,马7进5,车三进三,炮5平8,马九退七,车9平8,马七进六,卒5进1,马六进七,后炮进1,马七进六,士5进4,车六平五,士4退5,车五平七,卒5进1,车七进一,红方多子占优。

8. 车八进四　马4进5　　9. 马三进五　炮5进4

10. 仕六进五　炮5退2　　11. 马九退七　………

红方如改走车二进二,黑方则士4进5,兵九进一,象3进5,车八平六,车1平2,车六平五,车2进3,炮五进三,炮8平5,相七进五,炮5退2,车二进七,马7退8,马九进八,炮5平8,马八退六,马8进7,车五退一,卒7进1,兵三进一,象5进7,车五平三,象7进5,马六进四,卒5进1,马四进二,马7进8,车三平二,马8退7,车二进一,车2进3,兵七进一,卒3进1,车二平七,车2平9,车七进二,马7进6,双方均势。

11. ………　士4进5　　12. 马七进六　象3进5

13. 车二进二　炮8平3　　14. 车二进七　马7退8

15. 车八进二　马8进7　　16. 马六进五　卒5进1

17. 车八平三　炮3平7　　18. 车三平四　炮7平5

19. 帅五平六　炮5平4　　20. 帅六平五　炮4平5

21. 兵三进一　车1平4　　22. 帅五平六　车4进4

黑方足可一战。

第二种走法:仕四进五

7. 仕四进五　车1平2　　8. 炮八进四　炮8平7

黑方如改走马3进4,红方则炮八进一,马4退3,炮八退一,马3进4,炮八平三,车2进9,马九退八,象7进9,炮三平九,士6进5,炮五平七,马4进5,马三进五,炮5进4,相三进五,马7进6,兵七进一,炮5平3,兵七进一,马6进4,车二进二,马4进6,车二平四,车8平6,帅五平四,炮8退2,双方对抢先手。

9. 车二进九　　马7退8　　10. 炮八平七　　马8进7

11. 车八进九　　马3退2　　12. 兵九进一　　炮5平1

13. 马九进八　　炮1进3　　14. 马八进六　　象3进5

15. 马六进四　　马2进3　　16. 兵五进一　　炮1退1

17. 马三进五　　炮7平6　　18. 炮五平三　　士6进5

19. 炮三进四　　炮6退1　　20. 相三进五　　士5进4

21. 兵七进一　　象7进9　　22. 兵七进一　　象5进3

23. 兵五进一　　炮1平5　　24. 马五进六　　炮6平3

25. 炮七退二　　马3进4　　26. 炮七平五　　马4进3

27. 炮三平五　　马7进5　　28. 炮五进二

红方残局易走。

第55局　红跳边马对黑平炮压马

1. 炮二平五　　马8进7　　2. 马二进三　　车9平8

3. 车一平二　　炮8进4　　4. 兵三进一　　炮2平5

5. 马八进九　　马2进3　　6. 车九平八　　炮8平7

黑方平炮压马攻相,是力争主动的走法。

7. 车二进九　　…………

红方以改走相三进一为宜。

7. …………　　炮7进3　　8. 仕四进五　　马7退8

9. 炮八平七　　…………

红方以改走兵七进一,保留进炮封车的手段为宜。

9. …………　　车1进1(图55)

如图55形势,红方有两种走法:车八进六和兵七进一。现分述如下:

第一种走法:车八进六

10. 车八进六　　炮7平9

黑方先平边炮,是含蓄之着,可保持炮5平8或车1平8两种手段。

11. 车八平七　　炮5平8

12.马三进二　　象 3 进 5

黑方飞右象,正着。如改走象 7 进 5,则炮五进四,马 3 进 5,车七平五,红方有炮击底象的手段,黑车难以顺利过宫。

13.兵五进一　　车 1 平 8

14.兵五进一　　炮 8 平 7

黑方算准红方中路攻击有惊无险,所以平炮捉马,促成强烈对攻之势,可谓有胆有识。

15.兵五进一　　车 8 进 4

16.兵五进一　　士 4 进 5

17.兵五进一　　………

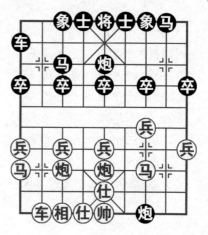

图 55

红方如改走兵五平四,黑方则士 5 进 6,帅五平四,车 8 进 4,帅四进一,车 8 退 1,帅四退一(如帅四进一,则车 8 退 2,黑方易走),炮 7 进 3,炮五平三,车 8 退 2,黑方易走。

17.………　　　将 5 进 1　　18.帅五平四　　炮 7 进 3

19.炮五平三　　………

红方只好平炮阻挡。这里如改走:

①车七进一,炮 7 进 3,炮七退一,车 8 进 4,帅四进一,炮 9 退 1,红方失子。

②车七平五,将 5 平 4,炮七进五,炮 7 进 4,帅四进一,炮 7 退 2,绝杀。

19.………　　　马 8 进 7　　20.车七进一　　马 7 进 5

21.车七进一　　将 5 进 1　　22.车七退四　　炮 7 平 4

23.仕五进六　　马 5 进 7　　24.马九退七　　马 7 进 6

25.马七进五　　炮 9 退 1　　26.炮三进七　　车 8 进 4

27.帅四进一　　马 6 进 7　　28.帅四进一　　车 8 退 2

黑胜。

第二种走法:兵七进一

10.兵七进一　　车 1 平 8　　11.兵七进一　　炮 7 平 9

12.帅五平四　　………

红方如改走兵七进一,黑方则车 8 进 8,仕五退四,车 8 平 7,红方难应。

12.………　　　炮 5 平 8

黑方平炮,准备左移助战,是紧凑有力之着。

13. 马三进二　炮8平4　　14. 兵七平六　车8进4

15. 车八进八　车8进4　　16. 帅四进一　车8退1

17. 帅四退一　炮4平6　　18. 炮七退一　车8进1

19. 帅四进一　象7进5　　20. 兵六进一　士6进5

21. 兵六平五　车8退3　　22. 帅四退一　将5平6

23. 车八退四　车8平6　　24. 帅四平五　马3进5

25. 炮五进四　炮6平8

黑方胜势。

小结:红跳边马对黑挺3路卒,黑方右车出动缓慢,红方易占先手。

第四章 红进三兵正马类

第一节 红进正马变例

第56局 红左炮过河对黑平炮兑车(一)

1.炮二平五 马8进7 2.马二进三 车9平8

3.车一平二 炮8进4 4.兵三进一 炮2平5

5.马八进七 ⋯⋯⋯⋯

红方进左马,是稳健的走法。

5.⋯⋯⋯⋯ 马2进3 6.车九平八 卒3进1

黑方挺3路卒,正着。如改走车1平2,则炮八进四,卒3进1,炮八平七,红方主动。

7.炮八进四 ⋯⋯⋯⋯

红方左炮过河,准备窥卒压马,是稳步进取的走法。

7.⋯⋯⋯⋯ 炮8平7

黑方平炮压马兑车,正着。如改走车1进1(如马3进4,则炮八平三,象7进9,车八进四,马4进3,兵三进一,红方优势),则炮八平七,象3进1,车八进四,红方易走。

8.炮八平七 象3进1

黑方飞边象,避开红炮胁象,是灵活的走法。

9.车二进九 ⋯⋯⋯⋯

红方先兑右车,是力争主动的走法。

9.⋯⋯⋯⋯ 马7退8 10.车八进八(图56) ⋯⋯⋯⋯

红方进车黑方下二路,是近年来流行的走法。

如图56形势,黑方有两种走法:车1平2和士4进5。现分述如下:

第一种走法:车1平2

10.⋯⋯⋯⋯ 车1平2

黑方出车邀兑,试探红方应手。

101

11. 车八平七 ··········

红方平车捉马，是求变之着。如改走车八平二,则车2进3,车二进一,车2平3,黑方反夺主动。

11. ·········· **车2进2**

12. 兵五进一 ··········

红方也可改走兵三进一弃兵,下伏车七平二捉马的手段,因为红方七路炮可以打卒脱身。

12. ·········· **士4进5**

13. 马七进五 马8进9

14. 仕四进五 炮7平8

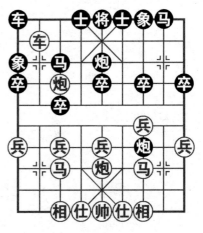

图 56

黑方平炮,欲打红方车,不如改走炮5平6。红方如车七平九(如车七平六,则车2进1,车六退二,炮6进1,炮七平五,马3进5,车六平八,炮6平2,兵五进一,马5退3,马五进四,炮7进1,红方丢子),黑方则车2退2,车九平七,车2进2,车七平九,车2退2,双方不变作和。

15. 马三进二 炮8平6 **16. 车七平六 炮6退5**

黑方以改走炮5平4关车为宜。

17. 车六退五 炮6进5 **18. 车六退一 车2进4**

19. 兵三进一 炮6平3 **20. 炮七退三 车2平3**

21. 马二进四 卒5进1 **22. 马四进五** ··········

红方以马兑炮,既可谋得兵种齐全之利,又可展开中路攻势,可谓一举两得。

22. ·········· **象7进5** **23. 马五进三 卒7进1**

24. 马三进五 车3平5 **25. 马五进七 象1退3**

26. 兵五进一 马3退2 **27. 兵五平四** ··········

红方平兵,着法老练。如改走车六进六,则马2进1,马七进五,车5退2,马五进七(如马五退六,则马1进3,车六退二,象3进5),马1退3,车六平七,象3进5,黑可应付。

27. ·········· **马9退7** **28. 车六进六** ··········

红方也可直接走车六进四,这样更为简明。

28. ·········· **马2进1** **29. 马七进八 卒3进1**

30. 车六退二

102

红方优势。

第二种走法:士4进5

10. ⋯⋯⋯⋯⋯ 士4进5

黑方补士,巩固阵形。

11. 仕四进五 ⋯⋯⋯⋯⋯

红方补仕,是保持变化的走法。如改走车八平七,则车1平3,车七进一,象1退3,仕四进五,象3进1,局势趋向平稳。

11. ⋯⋯⋯⋯⋯ 车1平2 12. 车八平七 ⋯⋯⋯⋯⋯

红方车避兑,是保持变化之着。如改走车八进一,则马3退2,炮五平六,马2进4,炮七平八,炮7平3,相七进五,马8进9,兵一进一,形成平稳局势。

12. ⋯⋯⋯⋯⋯ 车2进2 13. 兵五进一 炮5进3

黑方炮打中兵,是实惠的走法。如改走炮7进3,则马七进五,炮5平8,车七平六,炮7平9,马三进二,红方双马活跃,黑方也有所顾忌。

14. 车七平六 ⋯⋯⋯⋯⋯

红方平车,准备通活底车。如改走马三进五,则卒5进1,黑方易走。

14. ⋯⋯⋯⋯⋯ 车2进1 15. 车六退四 炮5退1

16. 炮七平六 马8进9 17. 兵七进一 卒3进1

18. 车六平七 车2平4 19. 车七进三 炮7进3

黑方抢先破取一相,为以后的反击创造了有利条件,是含蓄有力的走法。

20. 马三进四 象7进5 21. 车七平九 马9退7

黑方回马,以退为进,运子颇见功力。

22. 炮五进一 ⋯⋯⋯⋯⋯

红方如改走马七进五,黑方则马7进6,车九平八,马6进5,也是黑方优势。

22. ⋯⋯⋯⋯⋯ 炮5平8 23. 炮五平二 炮8退2

24. 车九进二 士5退4 25. 相七进五 ⋯⋯⋯⋯⋯

红方如改走车九退一,黑方则士6进5,相七进五,炮7平9,车九平八,卒5进1,车八退四,炮8进3,马七进五,卒7进1,马五退三,卒7进1,马三进二,卒7平8,炮二平七,马7进6,红方难以对抗。

25. ⋯⋯⋯⋯⋯ 炮7平9 26. 马七进五 卒5进1

黑方挺中卒,既使车路通畅,随时可以打击红方右翼,又伏卒5进1捉双的手段,顿令红方难以招架。

27. 马五进七 车4平6 28. 马四进六 士6进5

黑方优势。

第57局　红左炮过河对黑平炮兑车(二)

1.炮二平五　马8进7　　2.马二进三　车9平8

3.车一平二　炮8进4　　4.兵三进一　炮2平5

5.马八进七　马2进3　　6.车九平八　卒3进1

7.炮八进四　炮8平7　　8.炮八平七　象3进1

9.车二进九　马7退8　　10.车八进四　车1平2

黑方如改走炮7进3,红方则仕四进五,车1进1,车八平六,车1平2,马三进二,形成互缠局面,双方对抢先手。

11.车八进五　马3退2　　12.炮五进四　··········

红方炮击中卒,是谋取实利的走法。如改走相三进一,则马2进3,局面趋于平稳。

12.··········　士4进5　　13.炮五退一　··········

红方弃相退炮,正着。如改走相三进五,则马2进4,炮五平一,卒7进1,炮一进三,卒7进1,黑方易走。

13.··········　炮7进3

黑方以炮打相,谋取实惠。如改走马2进4,则炮七平一,马8进7,炮一平九,马4进3,炮五退一,卒7进1,相三进五,卒7进1,炮九退二,马7进6,炮九平三,红方多兵易走。

14.仕四进五　炮7退4(图57)

如图57形势,红方有两种走法:马三进二和马三进四。现分述如下:

第一种走法:马三进二

15.马三进二　马8进7

这里,黑方另有两种走法:

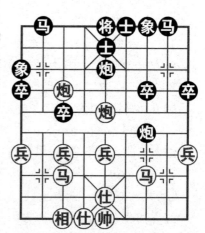

图57

①马2进4,炮七平一,马8进7,炮一平九,卒7进1,炮九平三,马7进5,兵五进一,炮5平3,相七进五,炮7退2,马二进三,炮3进4,兵一进一,卒7进1,马七进五,卒7进1,马五进三,马4进3,炮五平二,马5进4,炮二平三,士5进4,炮三退二,马4进5,仕五进四,红方优势。

②马8进9,马二进一,马2进4,炮七平六,马4进5,兵五进一,炮5平3,马七进五,炮7进1,兵一进一,红方优势。

16. 相七进五 ············

红方也可改走马二进三,先得实惠。

16. ············ 马2进4　　17. 炮七平六　炮7进3

黑方如改走炮7进1,红方则兵七进一,卒3进1,马二进四,炮7进1,相五进七,卒7进1,马七进六,马5进6,马六进四,炮7平2,帅五平四,炮2进2,帅四进一,炮2退5,马四进三,马4进3,相七退五,马3进4,兵五进一,卒9进1,帅四退一,象1退3,相五退七,卒7进1,黑卒乘机过河助战,形势不差。

第二种走法:马三进四

15. 马三进四　卒7进1　　16. 相七进五　炮7平8

17. 兵七进一 ············

红方如改走马四进六,黑方则马8进9,兵七进一,卒3进1,相五进七,卒7进1,黑方易走。

17. ············ 卒3进1　　18. 马四进六　马2进4

19. 炮七平三　象1进3　　20. 相五进七　马4进5

黑方如改走马8进9,红方则炮三平四,马4进5,炮五进二,象7进5,炮四平九,卒9进1,相七退五,红方多兵占优。

21. 炮五平四　马8进9　　22. 炮三平九　卒9进1

23. 炮九平六　卒7进1　　24. 炮四平七　炮8平3

25. 炮七进一　马5进6　　26. 马六进八　炮3退1

27. 炮七进三　炮5平2　　28. 仕五进四

双方各有顾忌。

第58局　红左炮过河对黑平炮兑车(三)

1. 炮二平五　马8进7　　2. 马二进三　车9平8

3. 车一平二　炮8进4　　4. 兵三进一　炮2平5

5. 马八进七　马2进3　　6. 车九平八　卒3进1

7. 炮八进四　炮8平7　　8. 炮八平七　象3进1

9. 车二进九　马7退8(图58)

如图58形势,红方有两种走法:仕四进五和相三进一。现分述如下:

第一种走法:仕四进五

10. 仕四进五　士4进5

11. 车八进四　车1平2

12. 车八进五　马3退2

13. 相七进九　马2进4

　黑方如改走卒9进1,红方则兵七进一,马8进9,兵七进一,象1进3,马七进六,马9进8,马六进四,马8进6,双方均势。

14. 炮七进二　炮7进3

15. 马三进四　炮5平9

16. 马四进五　炮9进4

17. 帅五平四　马4进5

18. 炮五进四　将5平4

19. 兵七进一　马8进7

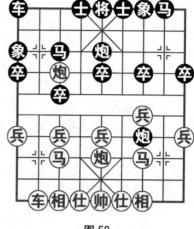

图58

20. 炮五退一　炮9退1　　21. 兵七进一　象1进3

双方各有千秋。

第二种走法:相三进一

10. 相三进一　士4进5　　11. 车八进四　…………

　红方车八进四巡河,伺机挺兑三路兵,活通马路,正着。如改走车八进一,则车1平4,车八平二,车4进3,车二进八,车4平3,兵五进一,卒3进1,兵七进一,车3进2,车二退六,车3进2,车二平三,车3进2,黑方优势。

11. …………　车1平2　　12. 车八进五　马3退2

13. 相七进九　…………

　红方飞边相,准备邀兑七路兵,以开通左马的出路,正着。如改走兵一进一,则马8进7,相七进九,炮5平3,兵五进一(如兵七进一,则卒3进1,相九进七,马2进4,双方均势),马2进4,炮七平八,炮3平5,马七进五,马4进2,仕六进五,马2进4,兵五进一,卒5进1,炮五进三,马4进5,兵七进一,马7进5,炮五进二,象7进5,兵七进一,后马进3,黑方易走。

13. …………　马2进4　　14. 炮七进一　卒5进1

15. 兵七进一　卒3进1　　16. 相九进七　马4进3

17. 相七退九　炮5平4　　18. 马三退二　炮4进4

19. 炮五平三　炮4平3　　20. 炮七退四　炮7平3

21. 兵三进一　象7进5　　22. 兵三平四　卒9进1

23. 炮三退一　马3进4　　24. 炮三平七　…………

红方平炮交换子力,是简明的走法。

24.………… 马4进3　　25.炮七进二　马3退5

26.兵四平五　卒1进1

双方大体均势。

第59局　红左炮过河对黑平炮兑车(四)

1.炮二平五　马8进7　　2.马二进三　车9平8

3.车一平二　炮8进4　　4.兵三进一　炮2平5

5.马八进七　马2进3　　6.车九平八　卒3进1

7.炮八进四　炮8平7　　8.炮八平七　象3进1

9.车八进八　…………

红方进车下二路,是针对黑方飞边象的常见走法。

9.………… 士4进5(图59)

如图59形势,红方有三种走法:车二进九、仕四进五和车八平七。现分述如下:

第一种走法:车二进九

10.车二进九　马7退8

11.仕四进五　…………

红方兑掉右车后再补仕,既可防止黑炮带"将"打相,又为以后冲中兵盘中马、活通子力埋下伏笔。如改走车八平七,则车1平3,红方无便宜可占。

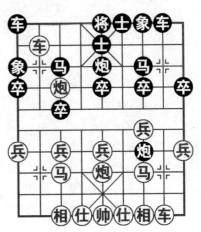

图59

11.………… 卒9进1

12.兵五进一　车1平2

13.车八进一　马3退2　　14.马三进五　马2进4

15.炮七进二　马8进9　　16.兵七进一　马9进8

17.兵七进一　象1进3　　18.相三进一　马8进9

黑方马踩边兵,虽可谋取实利,但马入边陲后,子力明显分散,于攻于守均不利。似不如改走马8退6捉中兵或马8进6牵制红方中炮好。

19.马七进六　卒5进1

黑方弃中卒系败招,使红方伏有先弃后取的手段。以改走炮7平1打边兵为宜。

20. 兵五进一　炮 5 进 4　　21. 马六进四　炮 5 平 6

22. 马四退三　马 9 退 8　　23. 马三退四　马 8 进 6

24. 炮五进二　马 4 进 3　　25. 炮七退三　将 5 平 4

黑方不能走马 3 进 5 吃兵,否则炮七退一,红方得子。

26. 兵七平六　马 3 进 1　　27. 兵六进一　象 7 进 5

28. 炮七平六　将 4 平 5　　29. 炮六平二　将 5 平 4

30. 炮二退一　马 1 进 2　　31. 马四进五

红方胜势。

第二种走法:仕四进五

10. 仕四进五　车 1 平 4

黑方如改走车 1 平 2,红方则车二进九,马 7 退 8,车八进一,马 3 退 2,兵一进一,马 2 进 4,炮七平八,炮 5 平 9,兵五进一,炮 9 进 3,马七进五,炮 7 进 3,马三退一,炮 7 退 3,兵五进一,卒 5 进 1,炮五进三,马 4 进 5,马五进四,红方优势。

11. 车二进九　马 7 退 8　　12. 车八平七　车 4 进 2

13. 炮五进四　马 8 进 7　　14. 炮五退二　马 7 进 5

15. 炮七平八　炮 7 平 3　　16. 相七进五　车 4 进 6

17. 炮八进三　车 4 平 2　　18. 炮五进三　将 5 平 4

黑方如改走象 7 进 5,红方则车七进一,马 3 退 4,车七退四,车 2 退 8,车七退二,红方多中兵易走。

19. 炮八平四　象 7 进 5　　20. 炮四退七　卒 7 进 1

21. 兵五进一　卒 7 进 1　　22. 兵五进一　马 5 进 7

23. 相五进三　马 7 进 5　　24. 炮四平五

红方优势。

第三种走法:车八平七

10. 车八平七　车 1 平 3　　11. 车七进一　象 1 退 3

12. 相七进九　车 8 进 9　　13. 马三退二　象 7 进 9

14. 兵七进一　卒 3 进 1　　15. 相九进七　卒 7 进 1

16. 兵三进一　象 9 进 7　　17. 炮五退一　马 7 进 6

18. 相七退五　卒 9 进 1　　19. 炮七退一　…………

红方退炮捉象,是假先手。如改走马二进一,则炮 7 进 1,马七进八,炮 5 进 4,马八进六,炮 5 进 2,仕六进五,马 6 退 5,马六进七,马 5 进 3,双方均势。

19. …………　炮 5 平 8

黑方抓住红方退炮的失着,乘机平炮,准备炮8进6压马谋子,迅速反夺局势的主动权。

20.马二进一　炮8进5　　21.马七进八　炮7平1

22.炮七进一　马6进4　　23.马八进六　炮1平9

黑方乘机谋得两兵,获得了多卒之利。

24.马六进七　马4退3　　25.马七退五　象3进5

黑方多卒占优。

第60局　红左炮过河对黑平炮兑车(五)

1.炮二平五　马8进7　　2.马二进三　车9平8

3.车一平二　炮8进4　　4.兵三进一　炮2平5

5.马八进七　马2进3　　6.车九平八　卒3进1

7.炮八进四　炮8平7　　8.炮八平七　车8进9

黑方吃车,略嫌急。

9.马三退二　车1平2

黑方出车邀兑,步数失先。如改走士4进5,则车八进一,车1平2,车八平三,车2进3,车三进二,车2平3,兵三进一,红方优势。

10.车八进九　马3退2(图60)

如图60形势,红方有两种走法:相三进一和兵一进一。现分述如下:

第一种走法:相三进一

11.相三进一　　……………

红方飞边相,避开黑炮锋芒,是含蓄的走法。

11.……………　马2进1

黑方进马踩炮,不如改走象3进1好。红方如续走炮五平三,黑方则炮5平3,相七进五(如马二进四,则马2进4,马四进三,马4进3,相七进五,象7进5,双方平稳),象7进5,炮七平三,炮7退3,炮三进四,马2进4,马二进三,炮3进1,马三进四,炮3平7,马四进三,马4进3,可成和势。

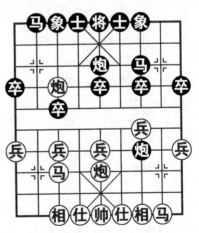

图60

12.炮七进一　炮5退1　　13.马二进四　炮7进1

14．马七退九　卒 1 进 1

黑方挺边卒,随手之着,正好给红马跃出开通了道路。应改走炮 5 平 2,要比实战走法好。

15．马九进八　马 1 进 2　　16．炮七退一　象 7 进 5

17．马八进九　卒 7 进 1

黑方如改走马 2 进 1 踩兵,红方则马九进八,炮 5 平 9,马八退六,士 6 进 5,炮七平五,马 7 进 5,炮五进四,红方优势。

18．兵三进一　象 5 进 7　　19．马九进八　象 7 退 5

20．兵九进一　炮 5 平 6　　21．兵九进一　马 2 退 3

红方优势。

第二种走法:兵一进一

11．兵一进一　…………

红方挺边兵,是灵活的走法。

11．…………　象 3 进 1

黑方如改走卒 1 进 1,红方则马二进一,马 2 进 1,炮七进一,炮 7 进 1,炮七平三,炮 7 平 3,炮五进四,士 4 进 5,炮三平九,象 3 进 1,仕四进五,将 5 平 4,炮五平一,红方多兵占优。

12．马二进一　炮 7 进 1　　13．炮五退一　炮 5 平 3

14．兵五进一　马 2 进 4　　15．炮七平八　卒 3 进 1

16．兵五进一　卒 3 进 1

黑方如改走卒 3 平 4,红方则兵五进一,士 4 进 5,兵五平四,象 7 进 5,马七退九,红方优势。

17．兵五进一　士 6 进 5　　18．兵五平六　将 5 平 6

19．马七退九

红方易走。

第 61 局　红左炮过河对黑平炮兑车(六)

1．炮二平五　马 8 进 7　　2．马二进三　车 9 平 8

3．车一平二　炮 8 进 4　　4．兵三进一　炮 2 平 5

5．马八进七　马 2 进 3　　6．车九平八　卒 3 进 1

7．炮八进四　炮 8 平 7　　8．炮八平七　车 8 进 9

9．马三退二　象 3 进 1　　10．车八进一　…………

红方高左车,准备平三路攻击黑方过河炮,是抢先之着。如改走相七进九,则士4进5,车八进一,车1平4,车八平三,炮7进3,仕四进五,车4进3,车三退一,象7进9,车三平四,卒5进1,双方均势。

10.…………　车1平2　　11.车八平三　车2进3

12.车三进二　车2平3　　13.兵三进一　卒7进1

黑方如改走卒3进1,红方则兵三进一,卒3进1,兵三进一,卒3进1,兵三平四,红方易走。

14.车三进二　马7退5　　15.车三退一　…………

红方如改走炮五平二,黑方则卒3进1,兵七进一,车3进2,相三进一,车3退1,车三退一,也是红方易走。

15.…………　车3平4(图61)

如图61形势,红方有两种走法:仕四进五和马二进三。现分述如下:

第一种走法:仕四进五

16.仕四进五　…………

红方补仕,防止黑车攻击左马。

16.…………　车4进3

17.炮五平一　车4平3

黑方亦可改走马3进4,红方如接走相三进五,黑方则马4进5,马七进五,炮5进4,黑可抗衡。

18.相三进五　马3进4

19.马二进四　卒3进1

黑方弃卒,可以通过兑子简化局势。

20.车三平七　车3退1　　21.相五进七　马5进7

22.相七退五

双方平稳。

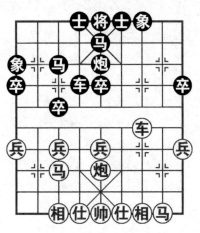

图61

第二种走法:马二进三

16.马二进三　…………

红方进右马,是改进后的走法。

16.…………　车4进3

黑方以改走车4进4提马为宜。

111

17. 马三进四　车4退1

黑方如改走车4平3,红方则马四进五,车3进1,马五退三,马5进7,马三进四,将5进1,仕四进五(如误走车三进三吃马,则车3平5,相三进五,炮5平7,黑方多子胜定),红方弃子得势,前景乐观。

18. 相三进一　卒3进1　　19. 兵七进一　车4平3

20. 马四进五　车3平7

黑方以改走车3进2吃马为宜。

21. 相一进三　马3进4　　22. 仕四进五

红方稍优。

第62局　　红左炮过河对黑平炮兑车(七)

1. 炮二平五　马8进7　　2. 马二进三　车9平8

3. 车一平二　炮8进4　　4. 兵三进一　炮2平5

5. 马八进七　马2进3　　6. 车九平八　卒3进1

7. 炮八进四　炮8平7

8. 炮八平七　士4进5(图62)

黑方补士,以逸待劳。

如图62形势,红方有三种走法:车八进八、车八进四和车二进九。现分述如下:

第一种走法:车八进八

9. 车八进八　　………

红方进车下二路,准备攻击黑方右翼。

9. ………　　炮5平6

黑方卸炮准备联象,是稳健的走法。如改走车8进9,则马三退二,炮5平6,马二进一,炮7进1,马七退五,红方先手。

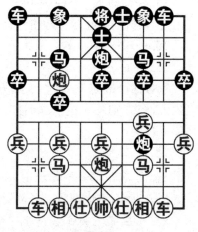

图62

10. 车二进九　马7退8　　11. 兵五进一　………

红方冲中兵,为盘中马开路,着法紧凑。如改走相三进一,则象3进5,车八退四,车1平4,兵七进一,车4进4,黑方反先。

11. ………　　炮7进3　　12. 仕四进五　象3进5

13. 马七进五　车1平4　　14. 兵七进一　………

红方如改走兵五进一,黑方则卒5进1,炮七平一,马8进7,黑不难走。

112

14. ·········· 　车 4 进 6　　15. 兵七进一　炮 6 平 8

16. 帅五平四　··········

红方出帅,正着。如误走兵五进一,则车 4 平 5,黑方得子。

16. ··········　象 5 进 3　　17. 兵五进一　卒 5 进 1

18. 炮五进三　象 3 退 5　　19. 车八退四　马 8 进 7

20. 相七进五　炮 7 平 9　　21. 炮七平四　马 7 进 5

22. 炮四退三　车 4 进 2　　23. 车八平四　马 5 进 3

24. 车四进二　前马退 4

黑方退马逐炮,是灵活的走法。

25. 炮五平二　车 4 退 3　　26. 炮四退二　车 4 平 5

27. 车四退二　车 5 退 2　　28. 相五进七　马 4 进 3

29. 车四进一　前马进 5　　30. 仕五进六　··········

红方应改走炮四进一,较为顽强。

30. ··········　卒 7 进 1

黑方兑卒,巧妙有力,为进马配合底炮作杀创造了条件,是争先取势的要着。

31. 兵三进一　马 5 进 7

黑方优势。

第二种走法:车八进四

9. 车八进四　车 1 平 2　　10. 车八进五　马 3 退 2

11. 车二进九　马 7 退 8　　12. 炮五进四　马 8 进 7

13. 炮五退一　马 2 进 1　　14. 炮七平六　炮 7 进 3

黑方如改走马 1 退 3,红方则炮六平七,将 5 平 4,相三进五,马 7 进 5,兵五进一,马 5 退 7,炮五平六,马 7 进 5,炮六平五,马 5 进 7,双方均势。

15. 仕四进五　炮 7 退 4　　16. 马三进四　卒 7 进 1

17. 马四进六　··········

红方进马,是改进后的走法。以往红方曾走相七进五,黑方则炮 7 进 1,兵七进一,卒 3 进 1,相五进七,卒 7 进 1,马四进六,马 7 进 8,马六进八,马 1 进 3,马八进七,马 3 退 4,炮五平六,炮 5 平 3,相七退五,士 5 进 6,后炮进三,将 5 进 1,前炮退一,红方多子占优。

17. ··········　马 1 退 3　　18. 炮六平七　马 7 进 5

19. 炮五平七　马 5 进 3　　20. 兵七进一　象 3 进 1

21. 兵七进一　象 1 进 3　　22. 马七进八

红方稍优。

第三种走法:车二进九

9. 车二进九　……………

红方兑车,是稳健的走法。

9. ……………　马7退8　　10. 相三进一　……………

红方如改走车八进四,黑方则车1平2,车八进五,马3退2,炮五进四,马8进7,炮五退一,马2进1,炮七平六,马1退3,炮六平四,炮7进3,仕四进五,炮7退4,双方平稳。

10. ……………	象3进1	11. 车八进四	车1平2
12. 车八进五	马3退2	13. 兵一进一	马2进4
14. 炮七进一	马8进9	15. 相七进九	马9退7
16. 兵七进一	卒3进1	17. 相九进七	马7进8
18. 马七进六	马8进9	19. 炮五平六	马4退2
20. 炮七退一	炮7平1	21. 炮七平三	炮1进3
22. 仕六进五	炮5平2	23. 帅五平六	马2进3
24. 相七退九	卒1进1	25. 马三进四	马9进8
26. 炮六平三	士5进6	27. 马四进五	马3进5
28. 马六进五			

红方优势。

第63局　　红跃马盘河对黑右横车(一)

1. 炮二平五	马8进7	2. 马二进三	车9平8
3. 车一平二	炮8进4	4. 兵三进一	炮2平5
5. 马八进七	马2进3	6. 车九平八	卒3进1

7. 马三进四　……………

红方跃马盘河,威胁黑炮,是直攻的走法。

7. ……………　车1进1

黑方高横车,另辟蹊径。

8. 炮八进六(图63)　……………

如图63形势,黑方有三种走法:卒1进1、炮8退1和炮8进1。现分述如下:

第一种走法:卒1进1

8. ……………　卒1进1

114

黑方如改走车8进1,红方则马四进三,车1平2,车八进八,车8平2,车二进三,也是红方先手。

9.炮五平四　　炮8平3

10.车二进九　　马7退8

11.相七进五　　马8进9

黑方进边马,被红方乘机利用。以改走卒1进1或炮5平7调整阵形为宜。

12.兵三进一　……………

红方弃三兵,伏有炮四平三攻象的手段,是寻找突破口的巧妙之着。

12.…………　　卒7进1

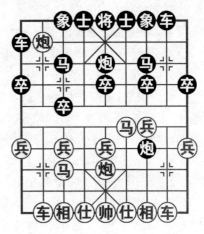

图63

13.炮四平三　　卒7进1

14.相五进三　　卒1进1　　15.炮三进七　　士6进5

16.相三退五　　卒1进1

黑方如改走卒1平2,红方则车八进四,马3进1,车八平九,车1平2,车九进二,也是红方优势。

17.炮三平一　……………

红方平炮拦车,不如改走炮三平九,较为含蓄多变。

17.…………　　炮3平2　　18.车八进一　……………

红方弃炮高车,准备右移抢攻,是大局感极强的走法。

18.…………　　车1平2　　19.车八平二　　炮2平9

黑方如改走卒9进1,红方则车二进八,士5退6,车二退二,士6进5,马四进三,红方大占优势。

20.车二进八　　士5退6　　21.车二退一　　士6进5

22.马四进二　　车2进6

黑方可改走马9进7,红方如马二进三,黑方则士5进6,车二平八,炮9退6,车八平一,炮9平6,马三进四,将5平6,车一退二,这样黑方较为顽强。

23.马二进三　　马9退7　　24.车二平三　　士5进6

25.车三进一　　将5进1　　26.车三退一　　将5退1

27.炮一退六　　车2平3　　28.马三退四　　车3平4

29.仕四进五

红方胜势。

第二种走法：炮8退1

8.………… 炮8退1 9.马四进三 炮8进2

10.炮五退一 …………

红方退炮，是改进后的走法。如改走马三进五，则象7进5，马七退五，马3进4，马五进三，炮8平5，车二进九，马7退8，相七进五，马8进7，车八进七，马7进6，炮八进一，士6进5，兵三进一，象5进7，马三进二，马4进5，马二进三，车1平4，车八平二，车4进1，车二平六，士5进4，双方均势。

10.………… 炮8平5

黑方亦可改走马3进4，红方如接走马三进五，黑方则象7进5，炮八退一，炮8平5，炮五平二，炮5平7，黑方子力活跃易走。

11.炮五平三 前炮平7 12.马三退四 …………

红方如改走马三进五，黑方则象7进5，炮二进七，车1退1，炮八平七，马7进6，车八进四，车1进1，炮二平九，车8进9，车八进三，炮7平8，相七进五，炮8退5，兵七进一，马6退4，车八进一，卒3进1，炮九进一，马4退3，车八平七，卒3进1，马七退五，士6进5，黑方优势。

12.………… 车8进1 13.马四退三 车8平2

14.车八进八 车1平2 15.兵三进一 马3进4

16.相三进五 车7进6 17.炮二进一 马7退5

18.马三进二 马4进5 19.仕四进五 车2退2

20.马二进三 前马进3 21.炮二平七 马5进3

22.兵七进一 车2进1 23.炮七进三

红方优势。

第三种走法：炮8进1

8.………… 炮8进1 9.炮五退一 卒1进1

黑方如改走车8进1（如炮8平5，则炮五平二，前炮平4，炮二进七，炮5进4，马四退三，黑方要失子），红方则炮五平三，车8平6，车二进三，车6进4，相三进五，马3进4，车二进三，卒7进1，车二平一，马4进5，马七进五，炮5平4，炮三平五，炮5进2，仕六进五，卒7进1，车二平三，车1进1，双方均势。

10.炮五平九 …………

红方平边炮瞄卒，正着。

10.………… 士6进5 11.车二进一 炮5平6

12. 炮八退一　象7进5　　13. 马四进三　马3进4

14. 炮八平四　士5进6　　15. 车八进四　卒3进1

16. 车八平七　车1平2　　17. 车七平六　马4进2

18. 马七退五　马2退3　　19. 车六退二　炮8退3

20. 炮九平七　马3退1　　21. 兵三进一　炮8进2

22. 兵三平四　车2进5　　23. 兵四进一　士6退5

24. 马三进一　车8进2　　25. 兵四平三　马7退6

26. 车二进二　车8平9　　27. 兵五进一

红方优势。

第64局　　红跃马盘河对黑右横车(二)

1. 炮二平五　马8进7　　2. 马二进三　车9平8

3. 车一平二　炮8进4　　4. 兵三进一　炮2平5

5. 马八进七　马2进3　　6. 车九平八　卒3进1

7. 马三进四　车1进1(图64)

如图64形势,红方有两种走法:炮八进四和兵三进一。现分述如下:

第一种走法:炮八进四

8. 炮八进四　…………

红方进炮过河,准备平炮压马。

8. …………　　车1平4

正着。如改走车1平6捉马,则炮八平七,车6进4,炮七进三,士4进5,炮七平九,红方弃子有攻势。

9. 炮八平七　象3进1

10. 车二进二　车4进2

11. 炮七平八　炮8平3

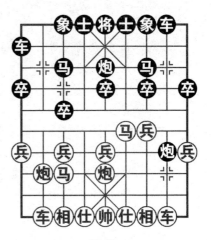

图64

黑方如改走车4进2,红方则车二平四,炮8平3,马四进三,士4进5,车四进六,炮5平4,车四平三,车8进2,车三进一,象1退3,炮八平七,炮4进7,相七进九,炮4平6,车八进七,车4平7,车八平七,车7进4,帅五平六,炮3退3,炮五进四,马7进5,车七进二,士5退4,车三平四,红胜。

12. 车二平三　车8进4　　13. 马四进三　车4进1

14. 炮八进一　象1退3　　15. 仕六进五　卒3进1

黑可抗衡。

第二种走法：兵三进一

8. 兵三进一　…………

红方挺三路兵捉炮，嫌软。

8. …………　炮8进1　　9. 炮五退一　炮8平2

10. 车二进九　马7退8　　11. 车八进二　卒7进1

12. 马四进五　马3进5　　13. 炮五进五　士6进5

14. 车八进四　马8进7　　15. 炮五退二　炮5进1

16. 兵七进一　车1平4　　17. 兵七进一　车4进5

18. 兵七平六　车4退2　　19. 相七进五　象7进5

20. 仕六进五　卒1进1

黑方易走。

第65局　红跃马盘河对黑进炮打马

1. 炮二平五　马8进7　　2. 马二进三　车9平8

3. 车一平二　炮8进4　　4. 兵三进一　炮2平5

5. 马八进七　马2进3　　6. 车九平八　卒3进1

7. 马三进四　炮8进1

黑方进炮打马，嫌急。

8. 马四进五　…………

红方马踩中卒，是先弃后取之着。

8. …………　马3进5

黑方如改走炮8平3，红方则车二进九，马7退8，马五进七，红方主动。

9. 车二进二　车8进7　　10. 炮五进四　马7进5

11. 炮八平二　车1进1　　12. 仕六进五　马5进4

13. 相七进五　车1平8

黑方如改走马4进6，红方则炮二平四，马6进8，车八进六，车1平6，炮四进四，马8进9，炮四平五，士6进5，炮五退二，将5平6，车八进三，红方优势。

14. 炮二平四　车8进5　　15. 车八进六（图65）　…………

如图65形势，黑方有两种走法：车8平9和马4进3。现分述如下：

第一种走法：车8平9

15. …………　车8平9

118

黑方如改走炮 5 平 9,红方则车八平六,
马 4 进 3,车六平五,象 7 进 5,炮四平七,士 6
进 5,炮七平六,车 8 平 9,炮六平八,炮 9 平
8,炮八进七,士 5 进 6,车五平三,红方优势。

16. 车八平三　卒 1 进 1

17. 车三进三　炮 5 退 1

黑方如改走马 4 进 2,红方则车三退三,
马 2 进 3,帅五平六,炮 5 平 4,炮四进二,车 9
平 6,车三平四,红方优势。

18. 车三退二　炮 5 进 2

19. 车三退一　象 3 进 5

20. 兵七进一　…………

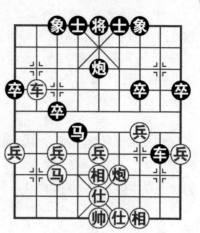

图 65

红方亦可改走兵三进一,黑方如车 9 平 7,红方则车三平一,车 7 退 2,兵七
进一,马 4 进 3,车一平五,马 3 退 1,车五进一,红方优势。

20. …………　马 4 进 3　　21. 炮四平七　车 9 平 5

22. 兵七进一　象 5 进 3　　23. 车三平一

红方略优。

第二种走法:马 4 进 3

15. …………　马 4 进 3　　16. 炮四平七　车 8 平 5

17. 炮七进三　炮 5 平 9

黑方如改走车 5 平 3,红方则炮七平五,红方优势。

18. 车八平七　象 7 进 5　　19. 炮七平八　卒 1 进 1

20. 车七平三　炮 9 进 4　　21. 兵七进一　卒 9 进 1

22. 炮八平二

红方先手。

第 66 局　红进炮卒林对黑右直车(一)

1. 炮二平五　马 8 进 7　　2. 马二进三　车 9 平 8

3. 车一平二　炮 8 进 4　　4. 兵三进一　炮 2 平 5

5. 马八进七　马 2 进 3　　6. 炮八进四　…………

红方不出车,直接进炮卒林线,是创新的走法。

6. …………　车 1 平 2

119

黑方出车捉炮,然后再卒3进1活通马路。如改走炮8平7,则车二进九,炮7进3,仕四进五,马7退8,炮五进四,马3进5,炮八平五,士6进5,车九平八,马8进7,炮五退一,车1进2,车八进六,马7进5,兵五进一,炮5平8,车八平七,炮8进1,兵三进一,炮7退5,兵七进一,车1平4,车七进三,将5平6,车七平八,红方优势。

7.车九平八　卒3进1　　8.马三进四 ·········

红方跃马河口,是力争主动的走法。

8.·········　炮8退1

黑方先退炮打马,准备赶走红方河口马后再炮8进2攻击红方左翼,实战结果证明难讨便宜,如改走炮8进1打马,则较为简明。

9.马四进三　炮8进2

10.炮五退一　炮8平5(图66)

如图66形势,红方有两种走法:炮五平二和炮五平八。现分述如下:

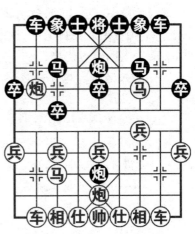

图66

第一种走法:炮五平二

11.炮五平二　炮5平7

12.马三进五 ·········

红方如改走马三退四,黑方则车8进7,黑方优势。

12.·········	象3进5	13.炮二进五	马7进6
14.车二进二	炮7退1	15.兵三进一	象5进7
16.兵七进一	卒3进1	17.车二平四	马6退5
18.车四进一	卒3进1	19.车四平三	卒3进1
20.车三平二	马3进4	21.炮八进一	马4进6
22.车二退一	马6进4		

黑方胜势。

第二种走法:炮五平八

11.炮五平八 ·········

红方平炮打车,构思巧妙,是改进后的走法。

11.·········	车2进3	12.车二进九	马7退8
13.相三进五	车2进4		

黑方进车捉马,忽略了红方的反击手段。不如改走马3进4好。

14.马三进二　车2退6

黑方退车捉马,是稳健的走法。如改走车2平3吃马,则马二退四,将5进1,炮八平四,红方弃子有攻势。

15.马二退一	马3进4	16.炮八平三	车2进8
17.炮三进八	士6进5	18.马七退八	炮5进4
19.仕四进五	马8进9	20.马八进七	炮5平4
21.马一进三			

红方多兵占优。

第67局　红进炮卒林对黑右直车(二)

1.炮二平五	马8进7	2.马二进三	车9平8
3.车一平二	炮8进4	4.兵三进一	炮2平5
5.马八进七	马2进3	6.炮八进四	车1平2
7.车九平八	卒3进1		

8.马三进四(图67) ●●●●●●●●●●●

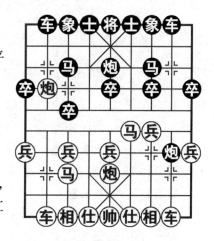

图67

如图67形势,黑方有两种走法:炮8平3和炮8进1。现分述如下:

第一种走法:炮8平3

8.●●●●●●●●　炮8平3

9.车二进九　马7退8

10.仕六进五　卒9进1

黑方如改走卒3进1,红方则兵一进一,卒3平4,炮五进四,士6进5,炮五平一,红方多兵占优。

11.炮五进四　士6进5

黑方如改走马3进5,红方则马四进五,卒3进1,相七进五,红方优势。

12.相七进五	马8进7	13.炮五退一	炮3平9
14.马四进三	马3进4	15.马三退四	马4进3
16.兵三进一	卒9进1	17.兵三进一	马7进9
18.炮八平一	车2进9	19.马七退八	炮9退3
20.兵三进一	将5平6	21.马四进三	炮5进1

22.兵三平四　　炮9退1

黑方如改走士5进6,红方则马三进二,将6进1,马二退一,黑方失子。

23.兵四进一　　将6平5　　24.马三退四　　将5退1

25.马四进二

红方大占优势。

第二种走法:炮8进1

8.…………　　炮8进1　　9.炮五退一　　炮8平5

黑方亦可改走车2进1,红方如马四进三,黑方则马3进4,炮八进一,炮8平5,炮五平八,车2进1,车二进九,马7退8,相三进五,炮5进4,炮八平五,车2进7,炮五进二,马4进5,马七退八,和势。

10.炮五平二　　炮5平4　　11.炮二进五　　炮5进4

12.车二进二　　炮5退2　　13.车二平六　　车8进3

14.马四进三　　象7进5　　15.兵三进一　　象5进7

16.车六进五　　马3退1　　17.马三退五　　车2进3

18.车六平三　　卒5进1　　19.车三退二　　车2平5

黑方多卒略优。

第68局　　红进正马对黑右横车(一)

1.炮二平五　　马8进7　　2.马二进三　　车9平8

3.车一平二　　炮8进4　　4.兵三进一　　炮2平5

5.马八进七　　车1进1　　6.车九平八　　车1平8

7.马三进四(图68)　　…………

红方跃马河口,着法积极。

如图68形势,黑方有两种走法:炮8进1和前车平6。现分述如下:

第一种走法:炮8进1

7.…………　　炮8进1

黑方进炮打马,嫌软。如改走卒3进1,则马四进五,马7进5,炮五进四,士6进5,炮八进六,红方优势。

8.马七退五　　…………

红方退窝心马,调整阵形,正着。如改走马四进五,则炮8平3,车二进八,车8进1,马五进三,红方优势。

8.…………　　炮8平2

122

黑方如改走前车平2,红方则马五进三(如炮八进三,则车8进4,马五进三,车8平2,车八进五,车2进3,车二进二,卒7进1,兵三进一,车2平7,炮五退一,红方大占优势),炮8平5,车二进九,马7退8,炮八进四,马8进7,相七进五,车2进1,仕六进五,卒3进1,马四退六,马5进3,马六进七,车2退1,车八进三,红方优势。

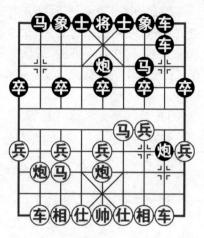

图68

9.车二进八　　车8进1

10.车八进二　　马2进1

11.马五进三　　车8进3

12.马四进三　　…………

红方如改走马四进五,黑方则马7进5,炮五进四,士6进5,车八平四,也是红方优势。

12.…………　　卒1进1　　13.车八进二　　马1进2

14.马三进五　　象7进5　　15.马三进四

红方优势。

第二种走法:前车平6

7.…………　　前车平6

黑方平车捉马,试探红方应手。

8.马四进六　　…………

红方跃马过河,着法有力。如改走炮八进五,则车6进4(如炮5退1,则马四进五,马7进5,炮五进四,象3进5,炮五进二,士6进5,兵七进一,车6进3,车二进二,卒7进1,兵三进一,车6平7,炮八退六,车8进4,炮八平九,马2进3,车八进六,马3进5,车八平七,马5进6,炮九进五,红方占优势),炮八平三,马2进1,车八进八,车6退3,炮三平五,象7进5,炮五进四,士6进5,相三进五,卒1进1,黑可抗衡。

8.…………　　车6平4

黑方平车捉马,逼红马邀兑,是正确的选择。如改走车6进3,则炮八进五,炮5退1,马六进八,车4平4,兵七进一,炮5平2,兵七进一,车4退2,炮八进二,炮2进8,炮八平九,车8进4,兵三进一,卒7进1,兵七进一,士6进5,马八进七,将5平6,炮五平四,卒7进1,炮八进一,车4退1,兵七进一,红方优势。

9.马六进五　　象7进5　　10.兵七进一　　马2进3

黑方如改走车4进5,红方则炮八进五,马2进3,马七进八,车4平5,仕四进五,卒5进1,马八进七,卒5进1,车八进五,炮8退3,马七进五,象3进5,车八平五,卒7进1,车五进二,马7退5,兵七进一,车5平2,兵七进一,卒5进1,车二进三,车2退4,兵七进一,车2进4,车五退四,车2平5,车二平五,红方胜势。

11.炮八平九　车4进5　　12.车二进二

红方先手。

第69局　红进正马对黑右横车(二)

1.炮二平五　马8进7　　2.马二进三　车9平8

3.车一平二　炮8进4　　4.兵三进一　炮2平5

5.马八进七　车1进1

6.车九平八　车1平8(图69)

如图69形势,红方有两种走法:炮八进五和炮八平九。现分述如下:

第一种走法:炮八进五

7.炮八进五　马2进3

8.炮八平五　‥‥‥‥‥‥

红方兑炮,是正确的选择。

9.兵七进一　前车进3

10.车八进七　马3退5

11.马七进八　炮8平7

12.马八进七　马5退7

13.马七进六　‥‥‥‥‥‥

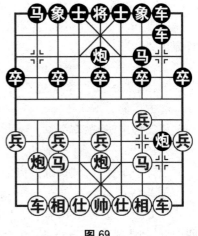

图69

红方亦可改走车二平一,黑方如士6进5,红方则炮五平七,红方先手。

13.‥‥‥‥‥　将5进1　　14.车二进五　炮7进3

15.仕四进五　车8进4　　16.车八进一　后马进9

17.马六退八　将5退1　　18.马八退六　车8平4

19.马六进七　车4退3　　20.马三进四

红方优势。

第二种走法:炮八平九

7.炮八平九　马2进3　　8.兵七进一　‥‥‥‥‥‥

红方如改走相三进一,黑方则卒 3 进 1,仕六进五,车 8 进 3,车八进四,炮 8 平 3,车二进五,车 8 进 4,马七退八,卒 7 进 1,炮九平七,炮 3 进 3,马八进九,卒 3 进 1,车八退四,卒 3 进 1,车八平七,卒 3 进 1,车七进二,马 3 进 2,车七进三,卒 7 进 1,车七平二,马 7 进 8,相一进三,炮 5 平 7,黑方优势。

8.………　　炮 8 平 7　　9. 车二平一　　前车进 7

黑方进车下 2 路,着法凶悍。

10. 车八进六　车 8 平 4　　11. 兵七进一　车 4 进 4

12. 兵七平六　马 3 退 5　　13. 炮九进四　炮 7 平 1

14. 相七进九　炮 1 平 2　　15. 车七平八　车 3 退 1

16. 车八退三　车 3 平 1　　17. 炮九平六　车 4 退 4

18. 炮六平三　车 1 平 4

黑方大占优势。

小结: 中炮对左炮封车转列炮中,红进正马变例,第 7 回合红方左炮过河窥卒压马,是稳步进取之着。黑方平炮压马,正着。红方平炮压马后,黑方有多种应法,其中车 8 进 9 兑车似先实后,黑方飞边象通车,正着。对第 7 回合红方跃马盘河,黑方第 7 回合高横车应法积极,红方第 8 回合炮八进六进炮封车,较易掌握先手。红方第 6 回合炮八进四边炮进卒林,系创新的走法,实战结果是双方各有顾忌。黑方第 5 回合车 1 进 1 高横车,是一种旧式走法,红方第 7 回合马三进四进马盘河的攻法,积极有力。

第五章　红急进右马类

第一节　黑进右马变例

第70局　红进正马对黑高车保马(一)

1.炮二平五　马8进7　　2.马二进三　车9平8

3.车一平二　炮8进4　　4.兵三进一　炮2平5

5.马三进四　┄┄┄┄┄┄

红方跃马河口,下伏兵三进一胁炮的手段,是急攻型的走法。

5.┄┄┄┄┄┄　马2进3

黑方进右马,开通车路,是正确的选择。

6.马四进六　┄┄┄┄┄┄

红方进马捉马,意在控制局势。

6.┄┄┄┄┄┄　车1平2　　7.马八进七　┄┄┄┄┄┄

红方进马,开通左翼子力,正着。如改走炮八进四,则卒3进1,炮八平七,炮8平3,车二进九,炮3退3,炮五平七,马7退8,炮七进四,马3退5,马八进七,马2进3,马六进五,象7进5,炮七平三,卒5进1,炮三进二,卒3进1,黑方优势。

7.┄┄┄┄┄┄　车2进2

黑方高车保马,静观其变。

8.炮八进四　┄┄┄┄┄┄

红方进炮,着法有力。如改走车九平八,则卒3进1,马六进七,车2平3,车二进二,炮8平3,车二进七,马7退8,炮八进四,卒3进1,黑方优势。

8.┄┄┄┄┄┄　车8进4

黑方升车捉马,是抢先之着。这里,另有两种走法:

①炮8进1,车九平八,士4进5,炮五退一,炮8退3,相七进五,炮8进3,马六进四,将5平4,马四进三,车8进1,兵七进一,车8平7,车二进二,红方优势。

126

②卒3进1,炮八平七,象3进1(如马3退5,则车九进一,车2平4,车九平六,红方占优势),车九平八,车2进7,马七退八,马3退2,炮七平三,士6进5,兵三进一,炮8进2,仕四进五,炮5平2,马六进四,炮2平6,兵三平二,炮8平6,炮五平二,车8平9,炮二平三,红方大占优势。

9.兵三进一　……………

红方弃兵拦车,正着。如改走车九平八,则车8平4,车二进三,炮5平4,兵五进一,象3进5,兵七进一,士4进5,双方平稳。

9.…………　　卒7进1

黑方挺卒吃兵,正着。如改走车8平7,则马六进五,象3进5,车九平八,下伏炮八平五打将抽车的手段,黑方难应。

10.车九平八　卒3进1

黑方挺3路卒邀兑,正着。如改走士6进5,则马六进四,车8退3,兵七进一,马7进6,炮五平四,马6进7,炮八退三,红方优势。

11.炮八平七　……………

红方平炮压马,是常见的走法。

11.…………　　车2进7

12.马七退八　马3退1

13.马八进七(图70)　……………

如图70形势,黑方有三种走法:炮8进2、炮8平3和卒7进1。现分述如下:

第一种走法:炮8进2

13.…………　　炮8进2

14.马六进四　……………

红方进马,咬车卧槽,是抢先之着。如改走仕四进五,则卒7进1,马六进四,车8进

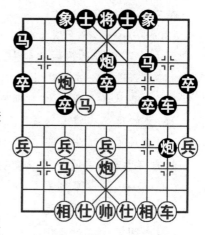

图70

1,炮五平三,炮8退1,炮三进五,炮8平5,相七进五,车8进4,马四退三(如炮三退一,则卒7平6,炮三平五,士6进5,炮五退一,炮5进1,黑优),车8退5,黑方略优。

14.…………　　车8进1　　15.炮五平三　马7退9

16.相三进五　士4进5

黑方如改走炮5平6,红方则马四退五,象7进5,马五进六,红方优势。

17.马四进三　将5平4　　18.炮三退一　炮5平6

19. 炮三平六　炮6退1　　20. 兵七进一
红方优势。

第二种走法:炮8平3

13. …………　炮8平3　　14. 车二进五　炮3进3

15. 仕六进五　马7进8　　16. 马六进四　…………
红方进马奔槽,是抢先之着。

16. …………　马8退9　　17. 炮五进四　士6进5

18. 相三进五　炮3退1　　19. 马四进二　卒3进1

20. 马二退三　马9退7　　21. 相五进七　炮3退3

22. 马七进六　马1进3　　23. 炮五退二　炮3退1

24. 马三进四　将5平6　　25. 炮五平四　马7进6

26. 马六进五　炮5进4　　27. 帅五平六
红方多子胜定。

第三种走法:卒7进1

13. …………　卒7进1
黑方冲7卒,是改进后的走法。

14. 马六进四　车8进1　　15. 车二进一　卒7进1
黑方如改走炮8平6,红方则车二平八,车8退4,车八进三,红方优势。

16. 马四进三　将5进1　　17. 车二平八　将5平6

18. 车八平四　将6平5　　19. 车四进六　…………
红方应改走马三退五,黑方如接走象3进5,红方则车四进六,红方优势。

19. …………　车8平7　　20. 炮五进四　将5平4

21. 相七进五　车7退1　　22. 炮五平二　士4进5

23. 车四退一　将4退1　　24. 炮七进二　炮8进1
黑方优势。

第71局　红进正马对黑高车保马(二)

1. 炮二平五　马8进7　　2. 马二进三　车9平8

3. 车一平二　炮8进4　　4. 兵三进一　炮2平5

5. 马三进四　马2进3　　6. 马四进六　车1平2

7. 马八进七　车2进2　　8. 炮八进四　车8进4

9. 兵三进一　卒7进1　　10. 车九平八　卒3进1

11. 炮八平七　车2进7　　12. 马七退八　马3退1

13. 车二进一(图71)　··········

红方高车,既可摆脱黑方封锁,又可攻击黑方右翼,是一种新走法。

如图71形势,黑方有两种走法:车8进1和卒7进1。现分述如下:

第一种走法:车8进1

13. ··········　车8进1

14. 马八进七　卒5进1

15. 炮七平三　士6进5

16. 炮三进三　马1进2

17. 炮三退四　马2进4

18. 炮三平六　卒5进1

19. 炮六退二　炮5进4

20. 马七进五　卒5进1　　21. 炮五退一　卒5进1

黑方亦可改走炮8进1。

22. 相七进五　马7进6　　23. 车二平四　马6进4

24. 炮六平五　象3进5　　25. 相五进三　马4退3

26. 后炮平八　马3退2　　27. 车四平二　炮8进1

28. 炮五退一　车8退2　　29. 炮八进六　将5平6

30. 车二平四　将6平5　　31. 炮八平九

红方大占优势。

第二种走法:卒7进1

13. ··········　卒7进1　　14. 马六进四　炮5进4

黑方如误走车8进1,红方则马四进三,将5进1,车二平八,炮5进4,炮五平二,红胜。

15. 仕六进五　··········

红方如改走仕四进五,黑方则车8进1,马八进七,炮8平3,炮七退三,车8进3,马七进五,象3进5,马五进三,车8退7,黑方多卒占优。

15. ··········　车8进1　　16. 马八进七　炮5退2

17. 马七进五　炮5平7　　18. 仕五退六　··········

红方如改走马五进三,黑方则炮8平5,马三退四,车8平4,车二进二,马7

129

进6,相三进一,炮7进2,车二进二,马6进8,车二退一,车4平8,后马进三,红方找回一子后,形成双马双炮对车马炮的形势,黑方虽占有车之利,但红方双马灵活,并不难走。

18.…………	炮8平6	19.车二平四	车8进1
20.马四退三	象7进5	21.相三进一	士6进5
22.兵一进一	马1进2	23.仕六进五	卒1进1
24.炮七进一	马2退4	25.车四进一	炮7平5
26.炮五进三	卒5进1	27.马三进四	马7进5
28.炮七退一			

双方互缠。

第72局　红进正马对黑高车保马(三)

1.炮二平五	马8进7	2.马二进三	车9平8
3.车一平二	炮8进4	4.兵三进一	炮2平5
5.马三进四	马2进3	6.马四进六	车1平2
7.马八进七	车2进2	8.炮八进四	车8进4
9.兵三进一	卒7进1	10.车九平八	卒3进1
11.炮八平七	车2进7	12.马七退八	马3退2

黑方马退底线,留有马2进1捉炮的先手,是改进后的走法。

13.车二进一(图72)…………

如图72形势,黑方有两种走法:马2进1和卒7进1。现分述如下:

第一种走法:马2进1

13.………… 马2进1

黑方进马踩炮,试探红方应手。

14.炮七进一 …………

红方如改走炮七平八,黑方则卒7进1,马六进四,车8进1,车二平三,炮8平7,相三进一,炮5进4,仕六进五,马7进6,马八进七,炮5退2,炮八退一,马1进3,炮八平五,马3进5,炮五进四,车8进3,黑方先手。

14.………… 炮8平7

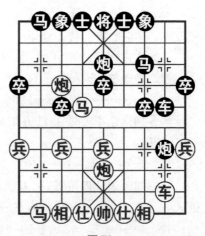

图72

130

黑方如改走马7进6,红方则有两种走法:

①马六进四,车8退3,炮五进四,士6进5,相七退五,马6进5,车二平三,车8平6,马四进二,车6进3,马二退三,炮8平6,马三进一,马5退4,马一进二,红胜。

②马八进七,马6进7,车二平八,马7进5,相七进五,卒7进1,马六进五,象7进5,车八进六,车8平4,炮七平九,炮8退4,车八退三,炮8平1,兵七进一,车4进3,马七退八,卒3进1,车八平七,卒7进1,黑方略优。

15. 车二进四　马7进8　　16. 炮五进四　士6进5

17. 马六进四　马8进9　　18. 相七进五　卒9进1

19. 马八进六　将5平6　　20. 炮七平八　将5平6

双方均势。

第二种走法:卒7进1

13. ………………　卒7进1　　14. 马六进四　炮5进4

15. 仕六进五　车8进1　　16. 马八进七　………………

红方如改走车二平四,黑方则卒7进1,马四进三,将5进1,车四进六,车8平7,车四平八,将5平6,车八进二,卒7进1,车八退一,士6进5,车八平六,炮5平7,帅五平六,炮7进3,帅六进一,炮7退1,黑方优势。

16. ………………　炮5退2　　17. 马七进五　炮5平7

黑方如改走炮5进3,红方则相七进五,炮8平6,车二平三,象3进5,马四退三,象5进7,车三进二,炮6退4,兵七进一,红方优势。

18. 马五进三　炮8平5　　19. 马三退四　车8进3

20. 马四退二　象3进5

黑方多中卒,易走。

第73局　红进正马对黑退边马

1. 炮二平五　马8进7　　2. 马二进三　车9平8

3. 车一平二　炮8进4　　4. 兵三进一　炮2平5

5. 马三进四　马2进3　　6. 马四进六　车1平2

7. 马八进七　马3退1(图73)

如图73形势,红方有两种走法:兵七进一和车九进一。现分述如下:

第一种走法:兵七进一

8. 兵七进一　车2进4

黑方如改走车2进6,红方则车九平八,车8进4,马六进四,车8退3,炮五平三,车8平6,车二进三,红方易走。

9.马六退八　车2平8

黑方如改走车2平6,红方则仕六进五,红方易走。

10.车二进二　炮8退1

黑方如改走卒3进1,红方则兵七进一,车8平3,炮八退一,炮8退1,炮八平七,车3平2,炮七平八,车2平3,炮八平七,车3平2,车九平八,士6进5,马八退九,车2进5,马九退八,炮5平3,炮七进六,马1进3,炮五平三,象7进5,相七进五,红方易走。

11.车二平四　·········

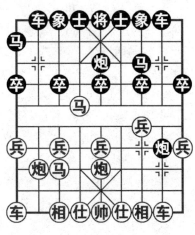

图73

红方如改走炮五退一,黑方则卒3进1,兵七进一,炮8平2,车二进三,车8进4,马七进八,车8平3,相七进五,车3进2,马八进六,车3退2,马六退四,车3平6,马四退三,车6平3,炮八平九,马1进3,车九平八,象7进9,双方均势。

11.·········	士6进5	12.车四进四	炮8进2
13.炮五平三	卒3进1	14.兵七进一	炮8平3
15.马八退七	前车平3	16.相七进五	炮5平4
17.车四平三	象7进5	18.兵三进一	马1进3
19.炮八退二	炮4进5	20.炮三平六	车3进3
21.仕六进五	马7退6	22.炮八平七	车8进6
23.兵五进一	马3进2	24.炮七平六	

红方先手。

第二种走法:车九进一

8.车九进一　车2进4　　9.车九平六　士6进5

黑方如改走炮8进1,红方则马六进五,兵3进5,车二进二,车8进7,炮五进四,马7进5,炮八平二,红方易走。

10.兵七进一	炮5平4	11.马六退八	车2平6
12.车二进二	象7进5	13.马八进七	马1进3
14.后马进六	车6进1		

黑方如改走车 6 平 2,红方则马六进五,马 7 进 5,炮五进四,红方优势。

15. 车六平三	炮 4 进 2	16. 车三进二	炮 8 退 3
17. 车二平四	车 6 进 2	18. 炮八平四	车 8 平 6
19. 马六退四	炮 4 平 6	20. 炮四进三	车 6 进 4
21. 车三平二	马 7 退 9	22. 炮五平七	马 3 退 1
23. 兵五进一	车 6 进 1	24. 马四退六	车 6 平 7
25. 相七进五	车 7 退 1	26. 车二平八	

红方优势。

第 74 局　红进正马对黑马退窝心

1. 炮二平五	马 8 进 7	2. 马二进三	车 9 平 8
3. 车一平二	炮 8 进 4	4. 兵三进一	炮 2 平 5
5. 马三进四	马 2 进 3	6. 马四进六	车 1 平 2
7. 马八进七	马 7 退 5(图 74)		

黑方马退窝心,准备伺机卒 3 进 1 邀兑右马。

如图 74 形势,红方有三种走法:兵七进一、炮八进四和车九进一。现分述如下:

第一种走法:兵七进一

8. 兵七进一　车 2 进 4

黑方如改走车 2 进 6,红方则车二进二,象 3 进 1,车九进一,卒 3 进 1,兵七进一,象 1 进 3,车九平六,炮 5 平 6,炮八平九,车 8 进 4,马六进七,马 5 进 3,车六进五,士 6 进 5,车六平七,象 3 退 5,炮五退一,车 2 退 2,炮

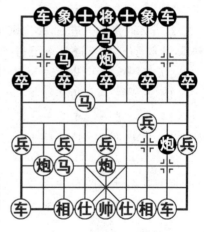

图 74

五进五,车 2 平 3,车七退一,车 8 平 3,炮五平一,炮 8 平 7,炮九退一,卒 1 进 1,兵一进一,红方多兵易走。

9. 马六退八　车 2 平 8　　10. 车九进一　………

红方如改走车二进二,黑方则卒 7 进 1,车二平三,卒 7 进 1,车三进二,炮 8 进 3,仕六进五,前车进 1,车三退二,前车平 3,相七进九,车 3 退 1,车九平六,炮 5 平 7,马七进六,炮 8 平 9,马六进五,车 8 进 9,马五进三,炮 9 平 7,车三退二,车 8 平 7,车六进七,象 7 进 5,马三退五,红方优势。

10. ··········· 炮8进1

黑方如改走马5进7,红方则车二进二,士6进5,马八进七,卒9进1,兵九进一,炮8退1,相七进九,前车平6,车九平三,炮5平6,炮八进二,车6平4,炮八退四,象7进5,炮八平七,车4进3,车三平七,马7进9,前马退六,红方优势。

11. 车九平六	炮5平7	12. 车六平四	炮7进3
13. 车四进一	炮8退2	14. 马八进七	炮8平3
15. 车二进五	炮3进4	16. 仕六进五	车8进4
17. 后马进六	车8平3	18. 炮八平七	卒7进1
19. 马四进五	象7进5	20. 车四进一	炮3平2
21. 炮五平一	马3退1	22. 马七进六	

红方大占优势。

第二种走法:炮八进四

| 8. 炮八进四 | 卒3进1 | 9. 炮八平七 | 车2进3 |

10. 马六进七 ···········

红方如改走炮七进三,黑方则马5退3,马六进七,马3进4,前马退六,马4进5,马六进五,象7进5,炮五进三,卒5进1,车九平八,红方易走。

10. ···········	马5进3	11. 炮七进二	士4进5
12. 车九进一	马3进4	13. 车九平四	卒3进1
14. 兵七进一	车2平3	15. 车四进四	马4进5
16. 马七进五	炮5进4	17. 仕四进五	车3退3
18. 帅五平四	车3进2	19. 炮五进四	将5平4
20. 车二进二	车8进2	21. 车二平六	车3平4
22. 车六进五	车8平4	23. 炮五平一	

红方多子易走。

第三种走法:车九进一

| 8. 车九进一 | 卒3进1 | 9. 马六进四 | 炮5平6 |
| 10. 马四退五 | 马5进7 | 11. 车二进二 | ··········· |

红方高车,准备弃相,一方面防止黑方炮6进5串打,另一方面企图迅速打开局面。

| 11. ··········· | 炮8平3 | 12. 车二平四 | 炮3进3 |
| 13. 仕六进五 | 士6进5 | 14. 车九平七 | 炮3平1 |

黑方应改走炮3退2,红方如接走车七进一,黑方则车8进4,车四进四,马3

134

进 4,车四平三,炮 6 平 3,黑方易走。

16. 车四进四　马 3 进 4　　16. 车四退一　马 4 进 5

17. 车四平七　象 7 进 5　　18. 马五进六　炮 6 退 1

19. 后车平九　马 5 进 3　　20. 车七退三　炮 1 平 2

21. 车九退一　炮 2 退 1　　22. 炮八进五　士 5 进 4

23. 车七进五

至此,形成双方各有顾忌、激烈对攻的局面。

第 75 局　　红进正马对黑伸炮打马

1. 炮二平五　马 8 进 7　　2. 马二进三　车 9 平 8

3. 车一平二　炮 8 进 4　　4. 兵三进一　炮 2 平 5

5. 马三进四　马 2 进 3　　6. 马四进六　车 1 平 2

7. 马八进七　炮 8 进 1

黑方伸炮打马,准备先弃后取,简化局势。

8. 马六进七(图 75) ⋯⋯⋯⋯⋯

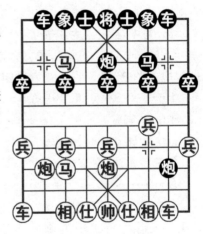

图 75

如图 75 形势,黑方有三种走法:车 2 进 2、车 2 进 5 和车 2 进 6。现分述如下:

第一种走法:车 2 进 2

8. ⋯⋯⋯⋯⋯　车 2 进 2

9. 前马退五　炮 8 平 3

10. 车二进九　马 7 退 8

11. 仕六进五　车 2 进 3

黑方如改走士 6 进 5,红方则马五退六,炮 3 进 1,炮八平六,卒 3 进 1,炮五平一,车 2 进 1,相七进五,马 8 进 7,车九进一,炮 3 平 2,炮六平八,炮 2 进 1,炮八退一,红方优势。

12. 车九进一　士 6 进 5　　13. 车九平六 ⋯⋯⋯⋯⋯

红方如改走车九平七,黑方则炮 3 进 2,车七退一,车 2 进 2,马五退六,炮 5 进 5,相三进五,车 2 退 4,双方均势。

13. ⋯⋯⋯⋯⋯　炮 3 进 1

黑方如改走炮 5 进 4,红方则车六进二,红方先手。

14. 车六平七　车 2 进 2　　15. 马五退六　车 2 退 2

16.兵七进一　炮5进5　　17.相三进五　车2进1

18.兵五进一　车2平5　　19.马六进七　车5退1

20.车七进二　卒9进1　　21.兵七进一　马8进9

22.兵七平八

红方稍好。

第二种走法:车2进5

8.…………　车2进5

黑方车骑河,窥视红方三路兵。

9.车九进一　炮8平3　　10.车二进九　炮5进4

11.仕六进五　马7退8　　12.车九平六　士6进5

13.车六进二　炮5退2　　14.帅五平六　象7进5

黑方如改走马8进7,红方则马七退五,马7进5,炮五进四,将5平6,炮八平九,象7进5,相七进五,车2进4,帅六进一,炮5平2,炮九进四,红方优势。

15.马七退五　炮3进1　　16.炮八平六　…………

红方如改走车六进二,黑方则炮5进2,炮八平九,炮3平1,马五退六,车2进3,炮五平三,炮5平4,马六进四,炮1进1,相七进五,炮4进2,黑方优势。

16.…………　马8进6　　17.马五进三　炮3平1

18.车六进五

红方中路有攻势,易走。

第三种走法:车2进6

8.…………　车2进6　　9.车九进一　…………

红方如改走前马退五,黑方则炮8平3,车二进九,马7退8,仕六进五,士6进5,马五退六,车2平3,炮五进五,象7进5,相七进五,卒3进1,车九平七,车3平4,马六进四,炮3退1,炮八进七,炮3平5,马四进五,车4平2,炮八平九,马8进6,黑方优势。

9.…………　炮8平3　　10.车二进九　马7退8

11.车九平六　士6进5　　12.炮五进四　将5平6

13.车六平四　炮5平6　　14.炮五平一　…………

红方炮轰边卒,准备先弃后取。如改走炮八退一,则车2退4,炮八平五,车2平3,车四进一,炮6退1,车四平七,车2进6,红方无便宜可占。

14.…………　车2进1　　15.炮一进三　将6平5

16.马七退五　炮6平5　　17.车四进二　卒3进1

136

18. 仕四进五　车2退4　　19. 马五进三　炮5平6

20. 马三进二　炮6退2　　21. 车四平二　炮3平2

22. 炮一平三　炮6进3　　23. 炮三退一　士5退6

24. 炮三平一

红方有攻势占优。

第76局　红左炮过河对黑挺3路卒

1. 炮二平五　马8进7　　2. 马二进三　车9平8

3. 车一平二　炮8进4　　4. 兵三进一　炮2平5

5. 马三进四　马2进3　　6. 马四进六　车1平2

7. 炮八进四　卒3进1

8. 炮八平七　炮8平3(图76)

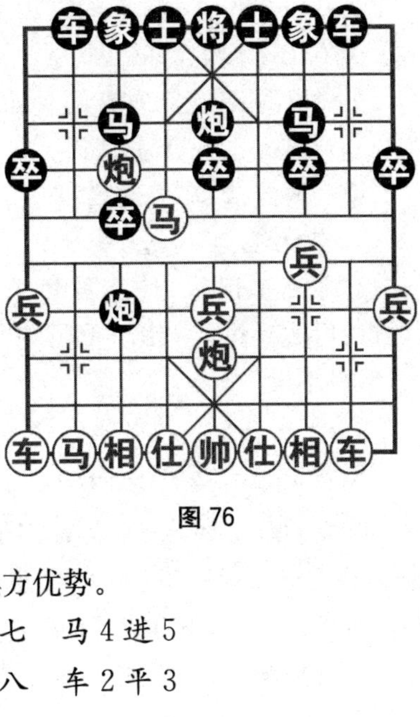

如图76形势,红方有两种走法:车二进
九和炮七进三。现分述如下:

第一种走法:车二进九

9. 车二进九　炮3退3

黑方弃车打炮,力争主动。

10. 炮五平七　…………

红方如改走马八进九,黑方则马7退8,
马六进七,车2进6,黑方易走。

10. …………　炮3进4

11. 车二退七　…………

红方如改走车二退四,黑方则车2进8,黑方优势。

11. …………　马3进4　　12. 马八进七　马4进5

13. 仕六进五　车2进6　　14. 车九平八　车2平3

15. 马七进五　炮5进4

黑方一车换双后,多卒占优。

第二种走法:炮七进三

9. 炮七进三　…………

红方以炮轰象,防止黑方弃车打炮争先。

9. …………　车2平3　　10. 车二进九　马7退8

11. 马六退七　卒3进1　　12. 马七进五　…………

图76

红方如改走马七退六,黑方则卒3平4,也是黑方易走。

12.‥‥‥‥‥ 马3进4　13.车九进一　卒3平4

14.车九平六　卒4平5　15.车六进四　车3进9

黑方优势。

第77局　红冲三路兵对黑出车捉炮

1.炮二平五　马8进7　2.马二进三　车9平8

3.车一平二　炮8进4　4.兵三进一　炮2平5

5.马三进四　马2进3　6.兵三进一　‥‥‥‥‥

红方冲兵过河,贪图小利,得不偿失。

6.‥‥‥‥‥ 车1平2(图77)

黑方出车捉炮,好棋。

如图77形势,红方有两种走法:车九进
二和马八进七。现分述如下:

第一种走法:车九进二

7.车九进二　‥‥‥‥‥

红方高车保炮,使左翼各子显得呆滞。
红方虽可渡兵过河,却严重影响左翼大子的
出动,得不偿失。

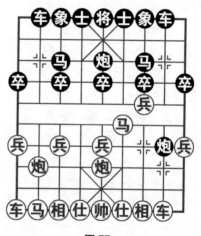

图77

7.‥‥‥‥‥ 炮8平3

8.车二进九　‥‥‥‥‥

红方如改走兵三平二,黑方则卒3进1,仕六进五,车8进1,炮五平三,炮5
进4,相七进五,车2进5,马八进六,车2平6,马六进五,车6进1,炮八进一,车
8平2,车九平八,象3进5。双方互缠后,红方虽有兵渡河,但威力不大,黑方主
力灵活且多两卒,局势发展下去很乐观。

8.‥‥‥‥‥ 马7退8　9.马四进六　车2进6

10.兵三进一　卒3进1　11.马六进四　炮5进4

12.仕四进五　马3进4　13.马四进三　将5进1

黑方子力灵活占优。

第二种走法:马八进七

7.马八进七　‥‥‥‥‥

红方跳正马,易受攻击。

7.…………　炮8进1　　8.马四进六　炮8平3

9.车二进九　马7退8　　10.车九进一　卒7进1

黑方如改走卒3进1，红方则马六进七，炮5进4，仕四进五，车2进7，车九平六，炮3平4，马七退六，炮5退1，马六进四，炮5进1，马四进三，将5进1，帅五平四，车2退2，车六进一，车2平6，炮五平四，马8进9，马三退一，象7进9，兵三进一，将5退1，双方大体均势。

11.马六进七　炮5进4　　12.仕四进五　车2进7

13.车九平六　士6进5　　14.车六进二　炮5退2

15.帅五平四　车2退2　　16.炮五进四　士5进4

黑方多子占优。

第78局　红冲三路兵对黑平炮打兵

1.炮二平五　马8进7　　2.马二进三　车9平8

3.车一平二　炮8进4　　4.兵三进一　炮2平5

5.马三进四　马2进3　　6.兵三进一　炮8平3

7.车二进九　马7退8(图78)

如图78形势，红方有两种走法：兵三进一和马四进六。现分述如下：

第一种走法：兵三进一

8.兵三进一　…………

红方冲兵吃卒，谋取实利。

8.…………　车1平2

9.马八进七　车2进4

黑方也可改走卒3进1。

10.炮五平四　卒3进1

11.兵三平四　士6进5

12.仕六进五　卒5进1

13.炮八平九　车2进1

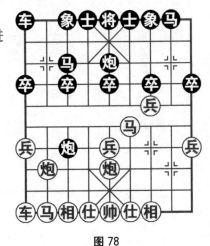

图78

14.马四进三　马8进9　　15.相七进五　马9进7

黑方如改走马9退7，红方则兵四进一，士5进6，车九平六，车2退2，马三退五，红不难走。

16.兵四平三　卒5进1　　17.兵五进一　车2平5

139

红方虽有兵过河,但黑方子力灵活,并不难走。

第二种走法:马四进六

8.马四进六　车1平2　　9.马八进七　…………

红方如改走马六退七,黑方则车2进7,马七进六,车2退5,炮五平七,马3退5,兵三进一,车2进2,马六进五,象7进5,马八进九,红方稍优。

9.…………　卒3进1　　10.马六退七　卒3进1

11.马七进五　卒5进1　　12.马五进七　士4进5

13.炮八进五　炮5平2　　14.炮五进三　象3进5

15.车九平八　…………

红方如改走马七进八,黑方则车2进2,车九平八,车2进7,马七退八,卒7进1,相七进五,卒3平4,马八进七,马3进2,黑方略优。

15.…………　炮2进2　　16.前马退五　车2平4

17.兵三进一　车4进7　　18.车八进二　卒3平4

19.马五退三　车4平7　　20.马三退五　车7退3

黑方优势。

第二节　黑右横车变例

第79局　红急进右马对黑右横车

1.炮二平五　马8进7　　2.马二进三　车9平8

3.车一平二　炮8进4　　4.兵三进一　炮2平5

5.马三进四　车1进1

黑方高横车,准备弃炮取势,是应对右马盘河的早期走法。

6.兵三进一　车1平6　　7.马四退二　卒7进1

8.车九进一(图79)　…………

红方高横车,正着。如改走马八进七,则卒7进1,车九进一,卒7进1,车九平三,马7进6,黑方反先。

如图79形势,黑方有三种走法:车6平8、车8进5和炮5进4。现分述如下:

第一种走法:车6平8

8.…………　车6平8

黑方平车捉马,略嫌急躁。

9.车九平二　　卒7进1

10.炮五平二　　车8平2

黑方如改走前车进5,红方则炮二进七,红方得车占优。

11.炮二进七　　车2进6

12.马二进三　　士4进5

13.前车进五　　马7退8

14.前车进三　　车2进2

15.前车平三　　…………

红方平车吃象,增加黑方求和的难度。

15.…………　　车2平3

16.马三进二　　车3退3

17.车三退五　　车3平5

18.仕四进五　　马2进1

19.马二进一　　将5平4

20.马一退三　　炮5平4

21.车三平六　　卒1进1

22.车二进七　　将4进1

23.车六平八

红方多子胜势。

图79

第二种走法:车8进5

8.…………　　车8进5

9.车九平三　　炮5进4

10.仕四进五　　象3进5

11.马八进七　　炮5退2

12.炮八进一　　马2进3

13.车二进二　　车6平2

14.马七退九　　士4进5

15.车二平四　　卒7进1

黑方应改走炮5平1,红方如接走车四进六,黑方则马3退4,炮五平二,炮1进4,车三进二,车8平4,马二进三,象5进7,车三进二,车2平5,车三进二,车4平8,炮二平五。至此,形成黑方多子少象、红方占先,双方各有顾忌的局面。

16.车四进六　　车2进4

17.帅五平四　　车8退3

18.炮五平二　　马7进8

19.相三进五　　炮5平1

20.车三进三　　车2平7

21.相五进三　　炮1进4

22.车四退三

红方多子占优。

第三种走法:炮5进4

8.…………　　炮5进4

9.仕六进五　　象3进5

黑方如改走士6进5,红方则车九平六,车8进5,车六进二,马7进6,马八进七,炮5平9,炮五平二,红方易走。

10.车九平六 卒7进1 11.马八进七 炮5退2

12.炮八进五 马2进3

黑方应改走马7进6,红方如接走炮八退一(如车六进五,则车8进3,黑方不难走),黑方则车6平4,至此,形成红方多子、黑方占先,双方各有顾忌的局面。

13.车六进六 车6平3 14.炮八退四 士4进5

15.车六退四

红方优势。

第三节 黑退炮河口变例

第80局 红急进右马对黑退炮河口

1.炮二平五 马8进7 2.马二进三 车9平8

3.车一平二 炮8进4 4.兵三进一 炮2平5

5.马三进四 炮8退2

黑方退炮河口,是力求稳健的走法。

6.马八进七(图80) ·········

如图80形势,黑方有两种走法:炮8进3和车1进1。现分述如下:

第一种走法:炮8进3

6.········· 炮8进3

7.马四退三 ·········

红方退马邀兑,是抢先之着。

7.········· 炮8退1

黑方如改走炮8平5,红方则车二进九,马7退8,炮八平五,马2进3,车九平八,红方先手。

8.车九平八 卒3进1

9.炮八进四 马2进3

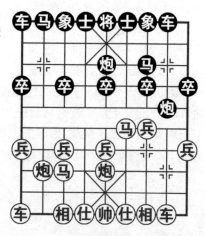

图80

10. 炮八平三　象7进9　11. 兵三进一　象9进7

12. 车八进四　车1进1　13. 兵七进一　卒3进1

14. 车八平七　马3进4　15. 车七进五

红方优势。

第二种走法：车1进1

6. …………　车1进1

黑方高横车，伺机威胁红方盘河马。

7. 车九平八　车1平6　8. 炮八进五　…………

红方如改走马四进三，黑方则车6进2，兵三进一，炮8进3，炮五退一，炮8平5，炮五平二，炮5平2，炮二进五，车6进4，马三进五，象7进5，车八进二，象5进7，双方大体均势。

8. …………　炮5退1　9. 马四进五　马7进5

10. 炮五进四　象3进5　11. 炮五进二　士6进5

12. 相三进五

红方多中兵且左翼有攻势，占优。

小结： 中炮进左炮封车转列炮中，红方第5回合马三进四急进右马变例，特点是步伐快、攻击力强。红方第6回合马四进六进马捉马，意在控制局势，是正确的选择。如改走兵三进一，则车1平2，车九进二(如马八进七，则炮8进1，马四进六，炮8平3，车二进九，马7退8，红方无便宜可占)，炮8平3，红方虽然有兵过河，却严重影响左翼大子的出动，得不偿失。黑方第12回合马3退2马退底线，留有马2进1的先手，是积极有效的对抗方案。此变例的演变结果是：双方对抢先手。

143

第六章 红伸炮打马兑炮类

第一节 黑飞左象变例

第81局 红兑中炮对黑飞左象（一）

1. 炮二平五　马8进7　　2. 马二进三　车9平8

3. 车一平二　炮8进4　　4. 兵三进一　炮2平5

5. 炮八进五　…………

红方进炮打马,容易兑子简化局势,是稳健的走法。

5. …………　马2进3　　6. 炮八平五　象7进5

黑方飞左象,是改进后的走法。

7. 兵七进一　…………

红方挺七路兵制马,是后中先的走法。

7. …………　车1平2

8. 马八进七　炮8平7(图81)

如图81形势,红方有两种走法:车九进一和车九平八。现分述如下:

第一种走法:车九进一

9. 车九进一　车2进4

黑方如改走车8进9,红方则马三退二,车2进4,马二进一,炮7进1,马七进六,车2平4,马六退四,车4平8,兵五进一,士6进

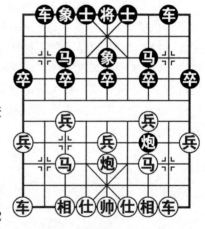

图81

5,兵一进一,车8进2,车九平四,卒3进1,兵七进一,象5进3,炮五进一,车8退6,车四平三,炮7平6,仕四进五,车8平6,马四进二,炮6退3,马二进三,象3退5,兵五进一,炮6进2,兵三进一,炮6平1,兵三平四,红方优势。

10. 车九平四　…………

红方平车,是稳健的走法。如改走车二进九,则炮7进3,仕四进五,马7退8,车九平六,士6进5,车六进七,车2平8,双方各攻一翼,各有顾忌。

144

10．‥‥‥‥‥‥‥　卒7进1

黑方如改走车8进9，红方则马三退二，卒7进1，车四进三，士6进5，炮五平一，炮7平8，马二进三，炮8退6，相七进五，炮8平7，兵三进一，车2平7，马三进二，卒3进1，马二进一，马3进4，车四平三，马7进9，炮一进四，卒3进1，车二平七，车7平9，车七平一，车9进1，兵一进一，双方均势。

11．车四进三　车2平4

黑方如改走士4进5，红方则仕四进五，车2平6，车四进一，车8进9，马三退二，马7进6，兵三进一，象5进7，炮五平一，象7退5，炮一进四，卒3进1，兵七进一，象5进3，炮一进三，炮7退6，马二进三，马3进4，兵一进一，象3退5，兵一进一，红方优势。

12．相三进一	车8进9	13．马三退二	卒3进1
14．仕四进五	卒3进1	15．车四平七	马3进2
16．车七平八	炮7平8	17．马二进三	车4平3
18．马七进六	马2退3	19．马三进四	卒7进1
20．马四进五	马7进5	21．马六进五	马3进5
22．马五进七	车3退7	23．车八平三	炮8平1

黑方优势。

第二种走法：车九平八

| 9．车九平八 | 车2进9 | 10．马七退八 | 车8进9 |
| 11．马三退二 | 卒7进1 |

黑方如改走卒3进1，红方则兵七进一，象5进3，马八进七，象3退5，马二进一，炮7进1，炮五退一，卒7进1，炮五平七，马3退5，兵三进一，象5进7，马一进三，象7退5，马三进五，马7进8，马五进六，炮7退6，相七进五，马8进9，马七进六，马5进7，炮七进五，士6进5，后马进五，马7进5，炮七平五，红方优势。

12．兵三进一	象5进7	13．马八进七	马7进6
14．炮五退一	象7退5	15．炮五平七	马3退2
16．炮七平九	马2进3	17．炮九平七	马3退2
18．炮七平九	马2进3

双方不变作和。

第82局　红兑中炮对黑飞左象（二）

| 1．炮二平五 | 马8进7 | 2．马二进三 | 车9平8 |

3. 车一平二　炮8进4　　4. 兵三进一　炮2平5

5. 炮八进五　马2进3　　6. 炮八平五　象7进5

7. 兵七进一　车1平2

8. 马八进七(图82)　⋯⋯⋯⋯⋯

如图82形势,黑方有两种走法:车2进4和车2进6。现分述如下:

第一种走法:车2进4

8. ⋯⋯⋯⋯⋯　车2进4

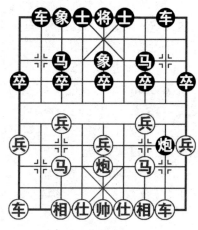

图82

黑方应改走卒3进1,红方如接走兵七进一,黑方则象5进3,马七进六,卒7进1,兵三进一,车2进5,兵三进一,车2平4,兵三进一,车4平7,马三退一,炮8进1,黑方满意。

9. 车九平八　车2平8

黑方如改走车2进5,红方则马七退八,炮8平1,车二进九,马7退8,炮五平七,马8进6,炮七进四,马3退2,马八进七,马2进1,炮七平六,炮1平3,相七进五,卒1进1,兵七进一,卒9进1,马三进四,卒1进1,兵五进一,炮3平8,马七进五,炮8退4,兵七平六,马1进2,双方均势。

10. 车八进七　马3退5　　11. 马七进八　马5退7

12. 马八进七　士6进5　　13. 炮五平七　⋯⋯⋯⋯⋯

红方卸炮,窥视黑方3路底线,攻击点十分准确。

13. ⋯⋯⋯⋯⋯　炮8平7　　14. 马七进六　象3进1

15. 车八平九　⋯⋯⋯⋯⋯

红方车吃边象,秩序井然!已是成竹在胸了。

15. ⋯⋯⋯⋯⋯　前车平4

黑方如改走前车进5,红方则马三退二,车8进9,车九平五,马7进9,炮七平八,红方胜定。

16. 车九平五　后马进6

黑方如改走车4退3,红方则车五平三,红方胜势。

17. 车二进九　马7退8　　18. 炮七平八　车4平2

19. 炮八平九　炮7进3　　20. 仕四进五　卒1进1

21. 马六退八　将5平6　　22. 炮九进三　马8进9

146

23. 兵七进一

红方胜势。

第二种走法:车 2 进 6

8. ………… 车 2 进 6　　9. 马七进六　车 2 退 2

10. 马三进四　炮 8 退 1　　11. 马六进五　马 3 进 5

12. 马四进五　炮 8 平 3

黑方如改走马 7 进 5,红方则炮五进四,士 6 进 5,车二进三,卒 7 进 1,相七进五,红方稍优。

13. 车二进九　马 7 退 8　　14. 车九进一　车 2 平 6

15. 车九平七　炮 3 退 1　　16. 兵五进一　马 8 进 6

17. 车七进二　马 6 进 5　　18. 炮五进四　士 6 进 5

19. 相三进五　卒 7 进 1　　20. 兵三进一　炮 3 平 7

21. 炮五平九　卒 3 进 1　　22. 仕四进五　卒 9 进 1

23. 车七平二　车 6 退 1　　24. 炮九退二

红方多兵稍优。

第 83 局　　红兑中炮对黑飞左象(三)

1. 炮二平五　马 8 进 7　　2. 马二进三　车 9 平 8

3. 车一平二　炮 8 进 4　　4. 兵三进一　炮 2 平 5

5. 炮八进五　马 2 进 3　　6. 炮八平五　象 7 进 5

7. 兵七进一　车 1 进 1

黑方高横车,准备策应左翼。

8. 马八进七(图 83)　………

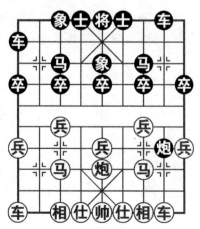

如图 83 形势,黑方有两种走法:炮 8 平 7 和车 1 平 8。现分述如下:

第一种走法:炮 8 平 7

8. ………… 炮 8 平 7

9. 车九平八　车 1 平 8

10. 车二平一　前车平 4

黑方如改走前车进 3,红方则车八进七,马 3 退 5,马七进八,马 5 退 7,马八进七,士 6 进 5,炮五平七,炮 7 平 1,相三进五,前车平

图 83

4,仕四进五,后马进6,马七进六,炮1平3,车八退四,车4退3,车八平七,车8进6,车一平二,车8进3,马三退二,车4进3,兵七进一,象5进3,车七平六,红方优势。

11.车八进七　车4进6　　12.马七进八　炮7平1

13.马八进九　炮1进3　　14.仕四进五　车4平3

15.车一平二　车8进9　　16.马三退二　车3进2

17.马九进七　车3退4　　18.车八退七　炮1退3

19.马七退五　车3平7　　20.相三进一　车7进3

21.马五进三　车7平8　　22.仕五退四

红方多子,大占优势。

第二种走法:车1平8

8.…………　车1平8　　9.马三进四　…………

红方如改走车九平八,黑方则炮8平7,车二平一,前车平4(如卒3进1,则兵七进一,象5进3,车八进七,马7退5,马七进六,红方持先手),仕四进五,车4进5,炮五平四,卒5进1,马七进八,马3进5,马八进七,士6进5,马七退五,车4平5,马五进七,马5进6,车一进二,卒7进1,车八进八,马6进4,炮四平六,车5退3,相七进五,车5平3,黑方多子,大占优势。

9.…………　炮8退1　　10.马四进六　炮8平3

11.车二进八　车8进1　　12.车九平八　卒3进1

13.马六进七　炮3退3　　14.马七进六　士6进5

15.马六进五　马7进5　　16.炮五平四　车8进5

17.兵五进一　炮3平1　　18.车八进六　炮1进4

19.车八平九

和势。

第84局　红兑中炮对黑飞左象(四)

1.炮二平五　马8进7　　2.马二进三　车9平8

3.车一平二　炮8进4　　4.兵三进一　炮2平5

5.炮八进五　马2进3　　6.炮八平五　象7进5

7.马三进四　炮8进1(图84)

黑方进炮,意在控制红方子力的出动。

如图84形势,红方有三种走法:马八进七、马八进九和马四进六。现分述

如下:

第一种走法:马八进七

8. 马八进七 …………

红方弃马,是抢先之着。

8. ………… 卒3进1

黑方挺卒制马,正着。如改走炮8平3,则车二进九,马7退8,车九进二,炮3进1,车九退一,炮3退1,马四进六,车1进2,车九平二,马8进9,车二进六,卒3进1,马六进七,车1平3,车二平一,卒3进1,炮五进四,士4进5,相三进五,卒3进1,炮五平一,车3进2,兵一进一,红方多兵胜势。

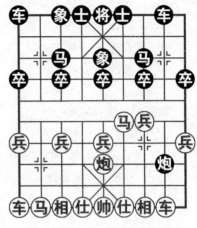

图84

9. 马七退五 车1平2

黑方如改走车1进1,红方则车九平八,车1平6,马五进三,炮8平5,车二进九,马7退8,相七进五,车6进3,车八进六,马8进7,车八平七,马3退5,车七平九,卒7进1,兵三进一,象5进7,兵九进一,象7退5,兵九进一,马5退7,兵九平八,红方略优。

10. 车九进一 车2进3　　11. 马四进三 车2进2

12. 马五进三 车2平7　　13. 前马进一 车8进2

14. 车二进二 车8平9　　15. 车九平六 马3进2

16. 炮五退一

红方先手。

第二种走法:马八进九

8. 马八进九 卒3进1　　9. 车九平八 车1进1

10. 马四进三 …………

红方如改走炮五平四,黑方则车1平4,兵九进一,马3进4,马四进六,车4进3,车八进四,车4平6,仕四进五,车6进2,车八平五,炮8退2,兵三进一,炮8进1,相五退七,卒7进1,黑方优势。

10. ………… 车1平6　　11. 车八进四 车6进5

黑方如改走士6进5,红方则兵九进一,车6进2,兵三进一,车6进3,车八平三,炮8退1,仕六进五,炮8平5,车二进九,马7退8,兵七进一,红方易走。

12. 车八平四 车6退1　　13. 马三退四 炮8进1

149

14. 兵九进一　炮8退3　15. 马四进三　炮8平1

16. 车二进九　马7退8　17. 炮五退一　炮1进1

18. 兵五进一　炮1平9　19. 相七进五　士6进5

20. 兵五进一　卒5进1　21. 炮五进四

红方先手。

第三种走法：马四进六

8. 马四进六　· · · · · · · · · · ·

红方疾进右马，是力争主动的走法。

8. · · · · · · · · · ·　车1进2　9. 车九进一　卒3进1

10. 马六进七　车1平3　11. 车九平四　士4进5

12. 车四进三　车3平2　13. 马八进九　车2进6

14. 车四退二　炮8进1　15. 兵九进一　卒7进1

16. 兵三进一　象5进7　17. 车四进四　象3进5

18. 炮五平三　马7进8　19. 车四退三　车2平7

20. 车四平二　马8退9　21. 前车进六　马9退8

22. 炮三平八　车7平2　23. 炮八平一　马8进7

24. 炮一退一　炮8退4　25. 仕四进五　车2退5

26. 兵五进一　车2平4

双方平稳。

第85局　　红兑中炮对黑飞左象（五）

1. 炮二平五　马8进7　2. 马二进三　车9平8

3. 车一平二　炮8进4　4. 兵三进一　炮2平5

5. 炮八进五　马2进3　6. 炮八平五　象7进5

7. 马三进四（图85）　· · · · · · · · · · ·

如图85形势，黑方有两种走法：卒3进1和车1平2。现分述如下：

第一种走法：卒3进1

7. · · · · · · · · · ·　卒3进1　8. 兵三进一　炮8平6

黑方如改走炮8平3，红方则车二进九，马7退8，兵三进一，车1平2，马八进九，卒3进1，马九进七，卒3进1，车九进一，红方优势。

9. 车二进九　马7退8　10. 兵三进一　车1平2

11. 马八进九　车2进5　12. 马四进五　马3进5

150

13. 炮五进四　士6进5

14. 车九进一　马8进6

15. 车九平四　马6进5

16. 车四进二　马5进7

17. 车四平三　车2平6

18. 相三进五　卒1进1

19. 仕六进五　卒9进1

20. 兵三平四　马7退8

21. 车三进四　马8退7

22. 兵四平五

红方多兵占优。

第二种走法:车1平2

7. …………　车1平2

8. 马八进九　…………

红方跳边马,力求稳健。如改走兵三进一,则炮8平3,车二进九,马7退8,马八进九,炮3退1,兵三进一,车2进6,马四退三,红方稍优。

8. …………　车2进4　　9. 兵三进一　炮8平7

10. 车二进九　…………

红方如改走兵三平二,黑方则卒7进1,车九平八,车2平6,炮五平二,车8平7,马四退五,卒7进1,车八进七,马3退5,马五进三,卒7进1,炮二平五,卒7平6,兵二进一,卒6进1,炮五平六,马7进8,黑方优势。

10. …………　马7退8　　11. 车九平八　…………

红方如改走马四进五,黑方则马3进5,炮五进四,象5进7,也是黑方易走。

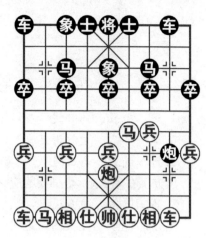

图85

11. …………　车2平7　　12. 车八进七　车7平6

13. 车八平七　马8进7　　14. 车七退一　车6进1

15. 炮五进四　马7进5　　16. 车七平五　卒7进1

17. 车五平九　车6进1　　18. 兵五进一　卒9进1

19. 车九退二　炮7平8　　20. 兵五进一　车6平5

21. 仕六进五　车5退2　　22. 兵一进一

双方均势。

第二节 黑飞右象变例

第86局 红兑中炮对黑飞右象（一）

1. 炮二平五　马8进7　　2. 马二进三　车9平8

3. 车一平二　炮8进4　　4. 兵三进一　炮2平5

5. 炮八进五　马2进3　　6. 炮八平五　象3进5

黑方飞右象去炮，是早期的应法。

7. 马三进四　炮8退2

黑方退炮河口，是灵活的走法。

8. 马八进七（图86）⋯⋯⋯⋯⋯

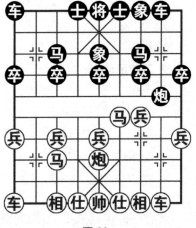

图86

如图86形势，黑方有两种走法：卒3进1和车1平2。现分述如下：

第一种走法：卒3进1

8. ⋯⋯⋯⋯⋯　　卒3进1

黑方如改走炮8平3，红方则车二进九，马7退8，红方车九进二后再兵七进一，红方先手。

9. 车九平八　士4进5

黑方如改走炮8平6，红方则车二进九，马7退8，车八进六，士4进5，车八平七，车1平3，马四进六，炮6退2，兵五进一，马3退4，车七平五，马8进9，马七进五，卒9进1，兵五进一，马9进8，兵五平四，红方优势。

10. 车八进六　车1平4　　11. 车八平七　马3退2

12. 马七退五　炮8退1　　13. 马四进三　车4进5

14. 车二进四　马2进4　　15. 车七进二　士5退4

16. 炮五平八　车4平2　　17. 炮八平六　马4进6

18. 车七平三　车8进2　　19. 炮六平二

红方得子占优。

第二种走法：车1平2

8. ⋯⋯⋯⋯⋯　　车1平2　　9. 马四进六　马3退1

10. 马六进四　⋯⋯⋯⋯⋯

红方进马,着法紧凑。如改走车九进一,则车2进1(如车2进4,则车九平六,士6进5,兵五进一,马1退3,车二进一,马3进4,车二平四,车8进1,马七进五,卒7进1,马六进四,卒7进1,马五进三,红方持先手),车二进一,炮8进3,马七退五,车2平4,马六退四,马1进3,马五进三,炮8平5,车二进八,马7退8,相三进五,马8进9,双方均势。

10.………… 车2进1 11.车九平八 车2平4

黑方如改走车2平6,红方则兵三进一,炮8进3,兵三进一,炮8平3(如卒7进1,则马四退二,红方占优势),车二进九,马7退8,炮五进四,士6进5,车八进八,红方优势。

12.兵七进一 炮8退1 13.马四退五 马1退3

14.车八进五 车4进6 15.马七进八 车4平2

16.兵三进一 象5进7 17.车八进三 士6进5

18.马八进七 车2退6 19.马七进八 马3进2

20.车二进四

红方优势。

第87局　红兑中炮对黑飞右象(二)

1.炮二平五 马8进7 2.马二进三 车9平8

3.车一平二 炮8进4 4.兵三进一 炮2平5

5.炮八进五 马2进3 6.炮八平五 象3进5

7.马三进四 炮8进1

黑方进炮,控制红方马八进七的出路,是黑方的一种应法。

8.马八进九(图87)…………

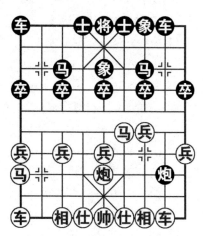

图87

如图87形势,黑方有三种走法:士4进5、车1平2和卒3进1。现分述如下:

第一种走法:士4进5

8.………… 士4进5

9.马四进六 车1平3

10.车九进一 卒3进1

11.马六进四 士5进6

12.车二进一 士6进5

13. 车九平六　炮8退4　　14. 兵三进一　……………

红方弃兵,是先弃后取之着。

14. ……………　卒7进1

黑方如改走炮8平6,红方则兵三进一,红方优势。

15. 车二平三　炮8进6　　16. 车三进四　车8进7

17. 炮三平三　马7进8　　18. 炮三进七　象5退7

19. 车三进四　士5退6　　20. 车六进六　炮8平6

21. 马四退二　士6退5　　22. 马二进三

红方胜势。

第二种走法:车1平2

8. ……………　车1平2　　9. 马四进六　马3退1

10. 车九进一　车2进4　　11. 车九平六　士6进5

12. 车二进一　炮8退3　　13. 兵五进一　卒5进1

14. 兵五进一　卒7进1　　15. 兵五平四　卒7进1

16. 马六进四　车2平6　　17. 车六平四　……………

红方兑车,是抢先之着。

17. ……………　车6进1　　18. 车四进三　卒7平6

19. 车二进三　车8进1　　20. 马四进六　将5平6

21. 车二平四　炮8平6　　22. 马六退五

红方优势。

第三种走法:卒3进1

8. ……………　卒3进1　　9. 车九平八　士4进5

10. 车八进七　车1平3　　11. 兵九进一　炮8进1

12. 兵七进一　……………

红方弃兵,打破僵持局面,正着。

12. ……………　马3退4　　13. 马四进六　卒5进1

14. 兵七进一　……………

红方以改走兵五进一为宜。

14. ……………　车3进4　　15. 马九进七　炮8退2

16. 车八退二　炮8平3　　17. 车八平七　象5进3

18. 车二进九　马7退8　　19. 炮五进三　象7进5

黑方以改走象3退5为宜。

154

20.马六退七　马4进3　　21.炮五平二　马8进7

22.兵五进一　象3退1　　23.兵五进一

红方多兵占优。

第88局　红兑中炮对黑飞右象(三)

1.炮二平五　马8进7　　2.马二进三　车9平8

3.车一平二　炮8进4　　4.兵三进一　炮2平5

5.炮八进五　马2进3　　6.炮八平五　象3进5

7.兵七进一(图88) ·············

如图88形势,黑方有两种走法:车1平
2和炮8平7。现分述如下:

第一种走法:车1平2

7.············　车1平2

8.马八进七　车2进6

黑方如改走车2进4,红方则车九平八,
车2进5,马七退八,炮8平7,马八进七,车8
进9,马三退二,卒7进1,兵三进一,象5进
7,马二进一,马7进6,马一进三,马6进7,
炮五平三,象7退5,马七进六,马7退8,马
六进七,马8进9,炮三进五,马3退2,相七

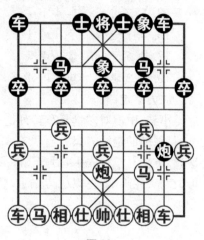

图88

进五,马9退8,炮三进一,马8进6,兵五进一,马6进8,仕四进五,红方易走。

9.马七进六　车2退2　　10.兵七进一　车2平3

11.车九平八　车3平4　　12.车八进四　炮8平7

13.车二进九　马7退8　　14.仕四进五　卒3进1

15.炮五平六　卒3进1　　16.车八平七　车4平3

17.车七进一　象5进3　　18.炮六平五　象3退5

19.马六进五　马3进4　　20.炮五平九　马4进2

21.炮九平六　卒9进1　　22.相三进五　炮7平1

23.炮六进二

红方优势。

第二种走法:炮8平7

7.············　炮8平7

155

黑方平炮压马,是正确的选择。

8.马八进七　车1平2　　9.兵九进一　车2进6

黑方如改走车2进4,红方则车九平八,车2平8,车八进七,前车进5,马三退二,车8进9,车八平七,车8平7,马七进六,车7退2,马六进四,马7退8,炮五进四,士6进5,炮五平九,红方优势。

10.马七进六　车2退2　　11.兵五进一　车2平4

12.马六退七　卒7进1

黑方以改走车8进9为宜。

13.兵三进一　车4平7　　14.车九进三　士4进5

15.马七进六　卒3进1　　16.兵七进一　象5进3

17.炮五平七　象3退5　　18.相七进五　车8进9

19.马三退二　马3进4　　20.车九平四

红方易走。

小结: 中炮对左炮封车转列炮中,红方第5回合进炮打马,容易兑子简化局势,是稳健的走法。黑方有飞右象和飞左象两种应法。黑方飞右象,是旧式应法,红方较易掌握先手,黑方飞左象,是改进后的走法。红方第7回合兵七进一形成两头蛇阵形,可以稳持先手,黑方则稍处下风。

实战对局选例

第 1 局

上海胡荣华(先胜)江西陈孝堃
(1979 年 4 月于苏州)
第 4 届全运会团体预赛

1. 炮二平五　马 8 进 7　　2. 马二进三　车 9 平 8

3. 车一平二　炮 8 进 4　　4. 兵三进一　炮 2 平 5

5. 马八进七　‥‥‥‥‥

形成中炮对左炮封车转列炮的阵势。红方进左马,稳健的走法。如改走马三进四,则马 2 进 3,兵三进一,车 1 平 2,车九进二,炮 8 平 3,车二进九,马 7 退 8,马四进六,车 2 进 6,兵三进一,卒 3 进 1,黑方易走。

5. ‥‥‥‥‥　马 2 进 3　　6. 车九平八　卒 3 进 1

黑方挺 3 卒活通马路,是正确的走法。如改走车 1 平 2,则炮八进四,卒 3 进 1,炮八平七,红占主动。

7. 炮八进四　‥‥‥‥‥

红方如改走马三进四,则车 1 进 1,炮八进四,车 1 平 4(如车 1 平 6 捉马,炮八平七,车 6 进 4,炮七进三,士 4 进 5,炮七平九,红方弃子有攻势),炮八平七,象 3 进 1,车二进二,车 4 进 2,炮七平八,炮 8 平 3,车二平四,车 8 进 4,黑可抗衡。

7. ‥‥‥‥‥　炮 8 平 7　　8. 炮八平七　车 8 进 9

黑方兑车,嫌急。

9. 马三退二　车 1 平 2

黑方出车邀兑,步数失先,但如改走象 3 进 1,则车八进一,车 1 平 2,车八平三,车 2 进 3,车三进二,车 2 平 3,兵三进一,卒 7 进 1(如卒 3 进 1,兵三进一,卒 3 进 1,兵三进一,卒 3 进 1,兵三平四,卒 3 平 4,炮五平二,炮 5 平 4,车三进五,红方胜势),车三进二,马 7 退 5,炮五平二,卒 3 进 1,兵七进一,车 3 进 2,相三进

157

一,车 3 退 1,车三退一,也是红方占先。

10.车八进九　马 3 退 2　　11.相三进一 ············

红方改走兵一进一更为灵活,黑如接走象 3 进 1,则马二进一,炮 7 进 1,炮五退一,炮 5 平 3,兵五进一,马 2 进 4,炮七平八,卒 3 进 1,兵五进一,卒 3 进 1(如卒 3 平 4,兵五进一,士 4 进 5,兵五平四,象 7 进 5,马七退九,红方优势),兵五进一,士 6 进 5,兵五平六,将 5 平 6,马七退九,红方易走。

11. ············　马 2 进 1

黑方进马踩炮,不如改走象 3 进 1 为好。红如续走炮五平三,则炮 5 平 3,相七进五(如马二进四,马 2 进 4,马四进三,马 4 进 3,相七进五,象 7 进 5,双方平稳),象 7 进 5,炮七平三,炮 7 退 3,炮三进四,马 2 进 4,马二进三,炮 3 进 1,马三进四,炮 3 平 7,马四进三,马 4 进 3,可成和势。

12.炮七进一　炮 5 退 1　　13.马二进四　炮 7 进 1

14.马七退九　卒 1 进 1

黑方挺边卒,随手。正好给红马跃出开通了道路。应改走炮 5 平 2,要比实战走法为好。

15.马九进八　马 1 进 2　　16.炮七退一　象 7 进 5

17.马八进九　卒 7 进 1

黑方如改走马 2 进 1 踩兵,则马九进八,炮 5 平 9,马八退六,士 6 进 5,炮七平五,马 7 进 5,炮五进四,红方优势。

18.兵三进一　象 5 进 7

19.马九进八　象 7 退 5

20.兵九进一　炮 5 平 6

21.兵九进一　马 2 退 3

红兵过河逼退黑马,先手渐趋扩大。

22.马四进二　炮 7 退 3

23.马二进三　炮 6 平 7(图 1)

24.兵五进一 ············

如图 1 形势,红方冲中兵准备在中路发动攻势,攻击点准确。黑如接走士 6 进 5,则兵五进一,卒 5 进 1,马三进五,马 7 进 5,马八进七,红方优势。

24. ············　马 7 进 8

陈孝堃

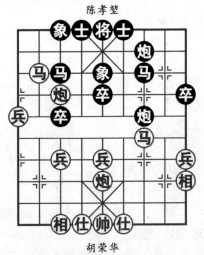

胡荣华

图 1

158

25.兵五进一　后炮进4

黑方如改走马8进7,则兵五平四,马7进5,相七进五,后炮进4,相一进三,炮7退3,兵九平八,红方多兵占优。

26.相一进三　卒5进1　　27.炮七进三　将5进1

28.炮七平四　马8进9

黑方如改走卒5进1(如将5平6,炮四平五),则炮四退二,炮7退2,兵九平八,卒5进1,炮五退一,红方优势。

29.炮四退二　马3进4　　30.马八退六　将5退1

31.炮四退六　马4进3　　32.马六进七　将5进1

33.炮五平八　……………

红方平炮催杀,黑方士象残缺已难抵抗。

33.…………　将5平4　　34.炮八进六　将4进1

35.兵九进一　卒5进1　　36.兵九平八　炮7平5

37.仕四进五　卒5平6　　38.帅五平四

红方下伏兵八平七绝杀手段,黑难解救,红胜。

第2局

上海胡荣华(先胜)湖北柳大华

(1983年11月16日于昆明)

全国象棋个人赛

1.炮二平五　马8进7　　2.马二进三　车9平8

3.车一平二　炮8进4　　4.兵三进一　炮2平5

5.马八进七　马2进3　　6.车九平八　卒3进1

7.炮八进四　炮8平7　　8.炮八平七　象3进1

9.车二进九　马7退8　　10.车八进八　车1平2

11.车八平七　……………

红方平车捉马,求变之着。如改走车八进一,则马3退2,炮五进四,士4进5,炮五退一,红方弃相多中兵稍为易走。但不能改走车八平二,否则车2进3,黑方反夺主动。

11.…………　车2进2　　12.兵五进一　……………

红方也可改走兵三进一弃兵,伏车七平二捉马手段,因红七路炮可以打卒脱身。

12.·········　士4进5　　13.马七进五　马8进9

14.仕四进五　炮7平8

黑方同样平炮欲打红车,不如改走炮5平6,红如车七平九(如车七平六,车2进1,车六退二,炮6进1,炮七平五,马3进5,车六平八,炮6平2,兵五进一,马5退3,马五进四,炮7平1,红方丢子),则车2退2,车九平七,车2进2,车七平九,车2退2,双方不变作和。

15.马三进二　炮8平6　　16.车七平六　炮6退5

黑方以改走炮5平4关车为好。

17.车六退五　炮6进5　　18.车六退一　车2进4

19.兵三进一　炮6平3　　20.炮七退三　车2平3

21.马二进四　卒5进1　　22.马四进五　·········

红方以马兑炮,既可谋得兵种齐全之利,又可开展中路攻势,一举两得。

22.·········　象7进5　　23.马五进三　卒7进1

24.马三进五　车3平5　　25.马五进七　象1退3

26.兵五进一　马3退2　　27.兵五平四　·········

红方平兵,老练。如改走车六进六,则马2进1,马七进五,车5退2,马五进七(如马五退六,马1进3,车六退二,象3进5),象1退3,车六平七,象3进5,黑可应付。

27.·········　马9退7　　28.车六进六　·········

红方也可直接走车六进四,更为简明。

28.·········　马2进1　　29.马七进八　卒3进1

30.车六退二　卒1进1

黑方如改走马7进9,则车六平九,黑亦难应。

31.车六平三　马1进2　　32.车三进二　马2进4

33.车三平四　马4进5　　34.相七进五　车5平1

黑方如改走车5退3,则车四退二,红亦胜势。

35.马八退七　卒1进1　　36.相五进七　车1平9

37.车四退二　车9平6　　38.相七退五　卒9进1

39.马七退五　车6退1　　40.马五退七　士5进4

41.马七进八　士6进5　　42.马八进七　将5平4

43.马七退六　卒9进1　　44.车四平一　·········

红方形成车马兵对车3卒的残棋,由于黑方3个卒较为分散难以联结,所以

160

难以守和。

44.············ 士5退6　45.车一进三　士4退5

46.兵四平五　士5进4　47.兵五进一　卒1平2

48.车一退二　卒9平8　49.车一退四　士6进5

50.马六进八　卒8平9　51.车一平七　将4平5

52.马八进九　将5平4　53.马九退七　卒7进1

54.兵五平六　············

红方如误走相五进三,则车6平3,兑车成和。

54.············ 卒7平8　55.车七进二　车6进1

56.车七平二　卒2进1　57.马七退八　象5退7

58.车二平六　卒2平3(图2)　59.兵六进一　············

如图2形势,红方弃兵破士,紧凑有力,是取胜的要着!否则黑方有车6平4兑车手段,红有麻烦。

59.············ 士5进4

黑方如改走车6平4,则兵六进一,将4平5,车六平七,车4退5,车七进四,车4退1,车七退六,红亦胜势。

60.车六进二　将4平5

61.马八进七　将5平6

62.车六进二　将6进1

63.车六平七　车6退4

64.车七平三　车6平3

一兵破去黑方全部士象,红方已是胜利在望。

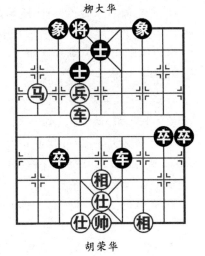

柳大华

胡荣华

图2

65.车三退一　将6退1　66.车三平五　车3进1

67.车五进一　将6进1　68.马七退五　车3平5

69.车五平四　将6平5　70.马五进三　将5平4

71.车四退六　车5平3　72.马三退五　车3平5

73.车四进五　将4进1　74.马五进四　车5退3

75.车四退二

红胜。

第3局

广东吕钦(先胜)上海胡荣华

(2002年1月6日于广州)

第22届"五羊杯"全国象棋冠军赛

1.炮二平五	马8进7	2.马二进三	车9平8
3.车一平二	炮8进4	4.兵三进一	炮2平5
5.马八进七	马2进3	6.车九平八	卒3进1
7.炮八进四	炮8平7	8.炮八平七	象3进1
9.车八进八	士4进5	10.车二进九	马7退8

11.仕四进五 …………

红方兑掉右车后再补仕,既可防止黑炮带"将"打相,又为以后冲中兵盘中马活通子力埋下伏笔。如改走车八平七,则车1平3,红无便宜可占。

11.…………	卒9进1	12.兵五进一	车1平2
13.车八进一	马3退2	14.马三进五	马2进4
15.炮七进二	马8进9	16.兵七进一	马9进8
17.兵七进一	象1进3	18.相三进一	马8进9

黑方马踩边兵,虽可谋取实力,但马入边隅后子力显得分散,于攻守均不利。似不如改走马8退6捉中兵或马8进6牵制红方中炮为宜。

19.马七进六 卒5进1

黑弃中卒,漏算了红有先弃后取的手段,不如改走炮7平1打边兵为宜。

20.兵五进一	炮5进4	21.马六进四	炮5平6
22.马四退三	马9退8	23.马三退四	马8进6
24.炮五进二	马4进3	25.炮七退三	将5平4

黑方不能走马3进5吃兵,否则炮七退一,红方得子。

| 26.兵五平六 | 马3进1 | 27.兵六进一 | 象7进5 |
| 28.炮七平六 | 将4平5 | 29.炮六平二 | 将5平4 |

30.炮二退一 马1进2(图3)

31.马四进二 …………

如图3形势,红方进马捉炮随手,给了黑方可乘之机。应改走马四进五,则黑马难以走出困境,红可速胜。

31.………… 炮6平5

32. 帅五平四　马 6 进 7

33. 帅四进一　炮 5 平 1

34. 炮二进五　象 5 退 7

35. 炮二退四　炮 1 进 2

36. 帅四进一　卒 7 进 1

37. 兵三进一　马 2 进 3

38. 炮二退二　马 7 退 6

39. 炮二平五　马 6 进 8

40. 帅四退一　马 3 退 2

41. 帅四退一　马 8 退 7

以上一段,黑方抓住红方的失误,巧运双马炮以攻代守,使局势得到了缓解。

42. 后炮平六　马 2 退 4

43. 炮五平三　象 7 进 5

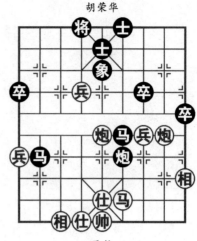

胡荣华

吕钦

图 3

44. 马二进四　炮 1 平 4　　45. 炮六退一　卒 9 进 1

46. 马四进五　将 4 平 5　　47. 马五退七　卒 9 平 8

48. 炮三退一　马 7 进 6　　49. 炮六平四　卒 1 进 1

50. 炮三进五　…………

红如改走马七进九,则炮 4 退 5,互缠中黑占主动。

50. …………　将 5 平 4　　51. 炮四平三　卒 1 进 1

52. 仕五进六　卒 1 平 2　　53. 马七进八　士 5 进 6

54. 马八进七　马 4 退 6　　55. 兵六平五　象 5 进 7

56. 前炮平四　前马退 4　　57. 仕六退五　马 6 进 5

58. 炮三平六　马 4 退 5

末后一段,黑方虽然争得了优势,但由于未能把握好时间,最终超时作负,实为可惜!

第4局
湖北汪洋(先负)重庆洪智
(2005年11月7日于山西太原)
全国象棋个人赛

1.炮二平五　马8进7　　　2.马二进三　车9平8

3.车一平二　炮2平5　　　4.马八进七　马2进3

5.车九平八　炮8进4　　　6.兵三进一　卒3进1

7.炮八进四　炮8平7　　　8.车二进九　马7退8

9.炮八平七　象3进1

黑方飞边象,稳健的应法。如改走炮7进3,则仕四进五,炮7退4,马三进四,红占先手。

10.车八进八　………

红方进车黑方下二路,试探黑方应手。如改走车八进四,则炮7进3,仕四进五,车1进1,红方有所顾忌。

10.………　士4进5　　　11.仕四进五　………

红方补仕,保持变化的走法。如改走车八平七,则车1平3,车七进一,象1退3,仕四进五,象3进1,局势趋向平稳。

11.………　车1平2　　　12.车八平七　………

红方平车压马,保持变化。如改走车八进一,则马3退2,炮五平六,马2进4,炮七平八,炮7平3,相七进五,马8进9,兵一进一,形成平稳局势。

12.………　车2进2　　　13.兵五进一　炮5进3

黑方炮打中兵,是实惠的走法。如改走炮7进3,则马七进五,炮5平8,车七平六,炮7平9,马三进二,红方双马活跃,黑方也有所顾忌。

14.车七平六　………

红方平车,准备通活底车。如改走马三进五,则卒5进1,黑方易走。

14.………　车2进1　　　15.车六退四　炮5退1

16.炮七平六　马8进9　　　17.兵七进一　卒3进1

18.车六平七　车2平4　　　19.车七进三　炮7进3

双方对峙之下黑方抢先破取一相,为以后的反击创造了有利条件,是含蓄有力的走法。

20.马三进四　象7进5　　　21.车七平九　马9退7

164

黑方回马,以退为进,运子颇见功力。

22.炮五进一 …………

红方如改走马七进五,则马7进6,车九平八,马6进5,也是黑占优势。

22.………… 炮5平8 23.炮五平二 炮8退2

24.车九进二 士5退4 25.相七进五 …………

红方如改走车九退一,则士6进5,相七进五,炮7平9,车九平八,卒5进1,车八退四,炮8进3,马七进五,卒7进1,马五退三,卒7进1,马三进二,卒7平8,炮二平七,马7进6,红方亦难以对抗。

25.………… 炮7平9

26.马七进五(图4) 卒5进1

如图4形势,黑方挺中卒既通畅了车路,随时可以打击红方右翼,又伏卒5进1捉双的手段,顿令红方难以招架。

27.马五进七 车4平6

28.马四进六 士6进5

黑方补士,准备借助将力作攻,加快了胜利步伐。

29.车九平八 车6进3

30.炮二退一 将5平6

红如接走炮二平四,则车6平8,黑方胜定。

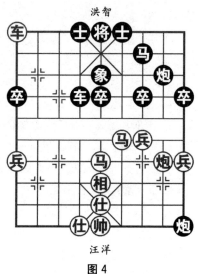

图4

第5局
河北刘殿中(先胜)安徽蒋志梁
(1989年10月17日于重庆)
全国象棋个人赛

1.炮二平五 马8进7 2.马二进三 车9平8

3.车一平二 炮8进4 4.兵三进一 炮2平5

5.马八进七 马2进3 6.炮八进四 …………

形成中炮对左炮封车转列炮的阵势。红方不出车即进炮卒林线,是特级大师刘殿中创新的走法。一般多走车九平八,或兵七进一,双方另有不同攻守。

6. ·········· 车1平2

黑可改走车1进1,较为灵活多变。

7. 车九平八 卒3进1 8. 马三进四 ··········

红方跃马河口,也可改走炮八平七,属"后中先"的走法。

8. ·········· 炮8退1

黑方先退炮打马,准备赶走红方河口马后,再炮8进2攻击红方左马,实战结果难讨便宜。一般走炮8进1打马,较为简明。

9. 马四进三 炮8进2 10. 炮五退一 炮8平5

11. 炮五平八 ··········

红方平炮硬打黑车,是改进的新走法。以往曾走炮五平二,炮5平7,马三进五,象3进5,炮二进五,马7进6,车二进二,炮7退1,黑不难走。

11. ·········· 车2进3 12. 车二进九 马7退8

13. 相三进五 车2进4

黑方进车捉马,忽略了红方的反击手段。不如改走马3进4。

14. 马三进二 车2退6

黑方退车捉马,稳健的走法。如改走车2平3吃马,则马二退四,将5进1,炮八平二,红方弃子占有攻势。

15. 马二退一 马3进4 16. 炮八平三 车2进8

17. 炮三进八 士6进5 18. 马七退八 炮5进4

19. 仕四进五 马8进9 20. 马八进七 炮5平4

21. 马一进三 ··········

以上几个回合,双方再兑一车后红方谋得一象,略占优势。红方进马,既威胁黑方中卒,又可控制黑方边马出路,可谓一着两用。

21. ·········· 象3进5 22. 炮三平一 士5进6

黑可改走马9退7提炮,红如接走炮一退三,则卒5进1;又如改走炮一退四,则马4进6,均要比实战走法为好。

23. 兵一进一 卒5进1 24. 兵一进一 卒5进1

25. 兵一进一 马9进7 26. 兵一平二 马7进6

27. 马三退四 士4进5 28. 炮一退二 象5进7

29. 炮一退二 ··········

红方退炮,稳健的走法。如改走兵三进一,则马6进8,兵三进一,炮4平6,黑有攻势。

29.………… 炮4进2　30.兵七进一　马6进5

黑方弃卒谋相,是寻求对攻的走法。如改走卒3进1,则相五进七,局势相对平稳。

31.兵七进一　马4进6　32.仕五进四　马5进3

33.帅五进一　炮4退2　34.炮一退四　炮4平3

35.马四进六　卒5进1　36.马六退五　卒5平4

37.兵三进一　炮3退1　38.马五进六　炮3进1

39.马六退五　炮3退1　40.炮一平七　…………

红方以炮兑马,简明的走法。交换后红方虽然兵种不全,但占有多兵之利且黑方缺少双象,红方稳占优势。

40.………… 炮3进3　41.马七进八　卒4平5(图5)

42.马八进六　…………

如图5形势,红方进马捉双,巧妙地消灭了黑方过河卒,解除了后顾之忧,形成双马四兵对马炮卒双士的必胜残棋。

蒋志梁

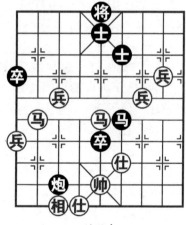

图5

42.………… 马6进8

43.马六退五　马8进6

44.前马进六　马6退4

45.帅五退一　马4退3

46.马五进七　将5平4

47.兵三平四　马3退5

48.马七进五　马5退7

49.兵四平三

黑方少兵且马受攻,遂停钟认负。

第6局
河北刘殿中(先负)黑龙江赵国荣
(1985年10月8日于南京)
全国象棋个人赛

1.炮二平五　马8进7　　2.马二进三　车9平8

3.车一平二　炮8进4　　4.兵三进一　炮2平5

5. 马八进七　马2进3　　6. 兵七进一　车1平2

7. 车九平八　车2进4　　8. 炮八平九　车2平8

9. 车八进六　炮8平7　　10. 车八平七　⋯⋯⋯⋯

形成中炮两头蛇对后补列炮的布局阵势。红方平车吃卒压马,准备演成各攻一翼的激烈搏杀局面,决心一决雌雄。如改走车二平一,则局势相对平稳。

10. ⋯⋯⋯⋯　前车进5　　11. 马三退二　车8进9

12. 车七进一　车8平7　　13. 车七进二　⋯⋯⋯⋯

红方进车吃象,正着。如改走炮九进四,则车7平8,炮五平三,车8退2,黑方优势。

13. ⋯⋯⋯⋯　炮7平8　　14. 炮九进四　炮8进1

黑方如改走炮8进3,则炮九进三,对攻中红占主动。

15. 炮九进三　车7退4(图6)

黑方如改走炮8平3打马,则车七平八,红方下伏抽将手段,占先易走。

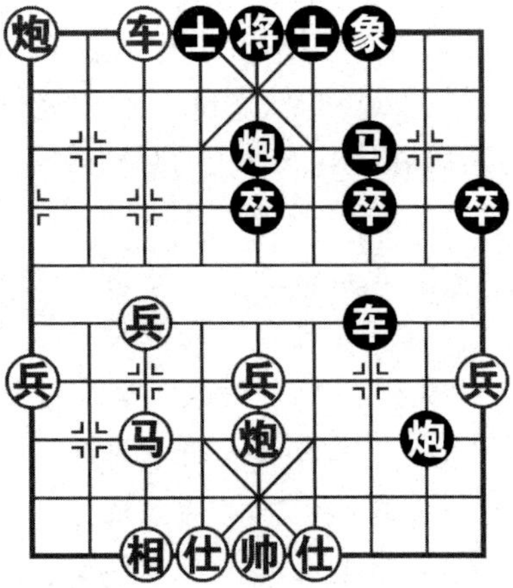

16. 兵七进一　⋯⋯⋯⋯

如图6形势,红方过兵嫌软,被黑方左车右移后,局面难以驾驭。应改走车七平八,黑如接走车7平3,则马七进六;又如炮8平3,则兵七进一,均为红方占优。

16. ⋯⋯⋯⋯　车7平3

17. 马七退九　⋯⋯⋯⋯

红方如改走车七平八,则车3进2,兵七平六,士6进5,黑方多子占优。

17. ⋯⋯⋯⋯　炮8退6

黑方退炮准备上将摆脱牵制,是老练的走法。

18. 炮五平三　炮5进4　　19. 车七平八　⋯⋯⋯⋯

红方应改走车七退三(如炮三进五打马,则炮8进4,帅五进一,炮8平5,帅五平四,后炮退1,仕四进五,后炮平6,仕五进六,车3平5,红难应付),将5进1(如士4进5,则车七平五,炮5退1,炮三进五,炮8进5,炮三平七),炮三进五,车3平5,兵七平六,也是红方占优。

19. ⋯⋯⋯⋯　将5进1　　20. 车八退六　车3平5

21. 马九进七　⋯⋯⋯⋯

赵国荣

刘殿中

图6

红方应改走炮三进五,黑如炮5平7,则仕四进五,炮7退4,车八平二,要比实战走法为好。

21.…………	炮5平3	22.炮三平五	炮3进3
23.帅五进一	象7进5	24.车八平二	炮8平6
25.马七进五	车5平2	26.炮五平三	车2平5
27.炮三平五	车5平2	28.炮五平三	车2平5
29.炮九退二	…………		

　　红方属二打一还打,必须变着。

29.…………	炮3退3	30.炮三平五	炮3平8
31.炮五进二	卒5进1		

　　兑车后,黑方挟多卒多象之利进入残局。

32.炮五进三	卒5进1	33.马五进三	卒7进1
34.马三进五	马7进5	35.兵七平六	炮8退3
36.炮五平四	炮8进1		

　　黑方用炮换马,可以形成兵种齐全的残局优势。

37.炮九退二	马5退3	38.兵六平七	炮8平5
39.炮九平五	马3进1	40.炮四退二	卒7进1
41.帅五平六	炮6平9	42.兵七平六	马1进2
43.兵六进一	马2进4	44.炮五平六	炮9进5

　　黑方马炮3卒对红方双炮双兵,已稳操胜券。

45.炮六进四	马4进6	46.帅六平五	卒7进1
47.兵六平五	马6退4	48.帅五平六	卒7进1
49.炮六退二	炮9平1	50.炮六平五	卒5平6
51.炮四平五	炮1退1	52.后炮退三	卒7平6
53.后炮平六	马4退3	54.炮六进三	马3进4
55.炮五平六	马4退2	56.后炮平五	将5平6
57.炮五平四	马2进4	58.兵五平六	马4进2
59.帅六平五	后卒平5	60.帅五退一	炮1进4
61.仕六进五	…………		

　　红方如改走帅五进一,则卒5进1,也是绝杀。

61.…………	马2进3	62.仕五退六	卒6进1

黑胜。

第7局

北京张申宏（先负）沈阳金松

（2005年5月6日于上海）

"城大建材杯"全国象棋大师冠军赛

1. 炮二平五　马8进7　　2. 马二进三　车9平8

3. 车一平二　炮2平5　　4. 兵七进一　炮8进4

5. 兵三进一　马2进3　　6. 马八进七　车1平2

7. 车九平八　车2进4　　8. 炮八平九　车2平8

9. 车八进六　炮8平7　　10. 车二平一　…………

红方平车避兑，是力求稳健的走法。如改走车八平七，则前车进5，马三退二，车8进9，车七进一，车8平7，车七进二，演成各攻一翼的局面，较为积极多变。

10. …………　炮5平6　　11. 车八平七　象7进5

12. 炮五进四　…………

红方炮打中卒，是简化局势的走法。如改走兵七进一，则卒7进1，黑方亦具对抗之势。

12. …………　马3进5　　13. 车七平五　炮6进5

黑方进炮捉车兑炮，可使红方兵种不全，必走之着。

14. 车五平九　…………

红方平车吃卒，虽可捞取实惠，但是红车离开要道，亦有所失。但如改走车五平四，则炮6平1，相七进九，卒7进1，黑方亦具反击力。

14. …………　炮6平1　　15. 相七进九　卒7进1

16. 车九平三　卒7进1　　17. 车三退二　马7进6

18. 马三退五　…………

红方先退马窝心，虽可摆脱黑方牵制，同时也可给一路车让出通道，窝心马的弊端也易被黑方所打击。似不如改走兵五进一，下伏兵五进一威胁黑方肋马的手段，要比实战走法为好。

18. …………　后车平7　　19. 车三进五　象5退7

20. 车一进二　炮7退5

黑方退炮，准备补架中炮打击红方窝心马，攻击点十分准确。

170

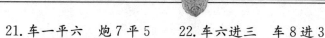

21.车一平六　炮7平5　　22.车六进三　车8进3

黑方进车捉马进行交换,仍可牵制红方窝心马,不失为紧凑的走法。

23.车六平四　车8平3　　24.车四平七　……………

红方如改走车四平五,则车3平1,红方窝心马也难调整,黑仍占优。

24.……………　车3平1　　25.车七进四　车1退1

26.车七退三　车1平5　　27.车七平一　炮5进1

28.兵七进一　车5退2(图7)　　29.兵七平六　……………

如图7形势,红方献兵,无奈之举。如误走兵七进一,则炮5平1,黑方速胜。

29.……………　车5平4

30.马五进三　……………

红方如改走车一平五,则士4进5,相三进五,将5平4,马五进三,车4进5,帅五进一,车4退3,黑亦大占优势。

30.……………　士4进5

31.帅五进一　车4平5

32.帅五平六　炮5平4

33.马三进四　车5平6

34.马四退五　车6平7

35.车一平七　车7进5

36.马五进七　车7平6

37.马七进五　车6退1　　38.帅六进一　车6退2

39.马五进四　炮4退1　　40.车七平五　车6退3

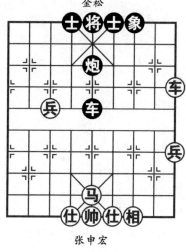

金松

图7

张申宏

红如接走车五平四,则士5进4,车四平六,炮4进2,帅六退一,炮4平9,兵一进一,炮9退2,仕六进五,象7进9,黑方胜定。

第8局
黑龙江赵国荣(先胜)上海万春林
(1990年10月16日于杭州)
全国象棋个人赛

1.炮二平五　马8进7　　2.马二进三　车9平8

3. 车一平二　炮8进4　　4. 兵三进一　炮2平5

5. 兵七进一　马2进3　　6. 马八进七　车1平2

7. 车九平八　车2进4　　8. 炮八平九　车2平8

9. 车八进六　炮5平6

黑方卸中炮,是稳健的应法。如改走炮8平7胁相兑车,则车八平七,前车进5,马三退二,车8进9,车七进一,对攻中红方易占主动。

10. 车八平七　象7进5　　11. 兵七进一　炮8平7

12. 车二平一　前车平3

黑方平车吃兵,简化局势。可改走卒7进1,红如兵三进一,则前车平7,马七进六,士6进5,黑不难走。

13. 车七退一　象5进3　　14. 马七进六　车8进4

15. 马六进五　马3进5　　16. 炮五进四　炮6平3

17. 炮五退一　‥‥‥‥‥‥

红方退炮阻车,必然。如改走炮五平七,则象3退5,黑方易走。

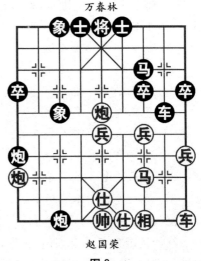

万春林

赵国荣

图8

17. ‥‥‥‥‥‥　炮3进7

18. 仕六进五　炮7平1

19. 兵五进一(图8)　炮1退2

如图8形势,黑方退炮邀兑,嫌软。应改走车8进2,红如车一平二(如马三进五,炮1退2),车8平2,对攻中黑不难走。

20. 车一平二　车8进5

21. 马三退二　炮3平2

22. 马二进三　炮1平5

23. 兵五进一　象3进5

24. 炮九平五　士4进5

黑方补士,乃单纯防守。应改走炮2退8,红如马三进四,则炮2平7,以下红无续攻手段,黑方可望守和。

25. 马三进四　卒7进1　　26. 兵三进一　象5进7

27. 兵五平四　象7退5　　28. 兵四平三　炮2退6

黑方退炮卒林,不如退至河口,以后可平6顶马,拓宽黑马通道。

29. 兵三进一　马7退8　　30. 兵一进一　卒1进1

31.兵三平二　马8进7　　32.兵二平三　马7退8

33.炮五平四　炮2进2　　34.兵三平二　将5平4

黑方可改走炮2平9打兵,红如续走兵二进一,则马8进9弃马换取双兵,
尚可谋和。

35.兵二进一　炮2退4　　36.炮四平一　马8进6

37.兵二平三　士5进4

黑方支士,无奈。如改走马6退8,则兵三平二,马8进6,兵二平三,黑方属
于长捉,必须变着。

38.炮一进四　炮2平5　　39.炮一平六　将4平5

黑方如改走炮5平4,则炮六平二,炮4平5,兵三平四,马6进8,兵四平三,
黑马亦无出路。

40.炮六平二　将5平4　　41.兵三平四　马6退8

42.炮二退三　象5进7　　43.相三进五　炮5进4

44.兵一进一　士4退5　　45.兵一平二　马8进9

46.兵四平三　象3退5

黑方如改走炮5退1,则兵二平三,黑方亦难守和。

47.兵三平二　马9进8　　48.马四进二

由于黑方疏于防范,红方终以精巧的残棋技艺围歼黑马,至此已稳操胜券,
余略。

第9局

广东许银川(先胜)江苏廖二平

(2001年10月30日于合肥)

“华亚防水杯”象棋特级大师、大师赛

1.炮二平五　马8进7　　2.马二进三　车9平8

3.车一平二　炮8进4　　4.兵三进一　炮2平5

5.兵七进一　马2进3　　6.马八进七　车1平2

7.车九平八　车2进4　　8.炮八平九　车2平8

9.车八进六　炮5平6　　10.车八平七　象7进5

11.炮五进四　……………

红方炮打中卒后,虽可被黑方兑掉双炮,但可以谋取多兵之利,不失为简明

有力的走法。

11. ········· 马3进5 12. 车七平五 炮6进5

13. 车五平四 炮6平1 14. 相七进九 炮8平7

黑方也可考虑改走卒7进1,红如接走车四平三,再炮8平7,虽然仍是红方多兵占优,但黑方要比实战走法为好。

15. 车四退三 前车进5 16. 马三退二 炮7进2

17. 马二进一 车8进7

黑方如改走炮7平9,则马七进六,也是红方优势。

18. 马七进六 炮7平8 19. 马六进四 马7进5

20. 车四退二 车8平9 21. 车四平二 车9退1

22. 仕六进五 车9平6 23. 马四进六 车6退5

黑方如改走士4进5,则车二进四,士5进4,车二平五,也是红方多兵占优。

24. 兵七进一 马5进4

25. 车二进一 车6平4

26. 兵七平六 卒7进1

27. 车二平六 马4进2

黑方如改走马4进6,则车六平四,马6退8,兵三进一,象5进7,车四进二,红亦大占优势。

28. 车六平八 马2退4

29. 兵三进一 象5进7

30. 兵五进一 车4进1(图9)

31. 相九进七 ·········

如图9形势,红方飞相别马,为围歼黑马做好最后准备工作,已然是胜券在握。

31. ········· 车4平3

32. 相三进五

黑方无法解拆红方车八平六捉马的手段,遂停钟认负。

廖二平

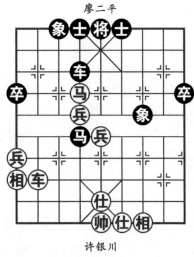

许银川

图9

174

第 10 局

广东杨官璘(先胜)辽宁孟立国

(1982 年 10 月 9 日于上海)

"上海杯"象棋大师邀请赛

1.炮二平五　马 8 进 7　　2.马二进三　车 9 平 8

3.车一平二　炮 8 进 4　　4.兵三进一　炮 2 平 5

5.兵七进一　车 1 进 1

形成中炮对左炮封车转列炮的阵势。黑方高横车准备左移助攻,是力争主动的走法。如改走马 2 进 3,马八进七,车 1 平 2,车九平八,车 2 进 4,炮八平九,车 2 平 8,车八进六,双方另有复杂攻守变化。

6.马八进七　车 1 平 8　　7.相三进一　…………

红方飞边相,嫌缓。

7.…………　车 8 进 3　　8.车九平八　马 2 进 3

9.马七进六　卒 7 进 1

10.兵三进一　前车平 7

11.马六进七　炮 8 退 3

黑方退炮打马,求稳的走法。不如改走车 7 进 2,较有反弹力。

12.马七进五　象 7 进 5

13.炮八平七　马 3 进 2

14.车二进四　炮 8 退 2

15.车八进三　炮 8 平 2

16.车八平六　车 8 进 5

17.马三进二　炮 2 平 8

18.兵五进一　士 4 进 5

19.仕四进五　马 7 进 8

20.马二退四　车 7 进 2(图 10)

21.兵七进一　…………

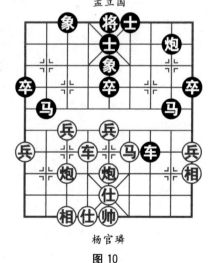

孟立国

图 10

杨官璘

如图 10 形势,红方献兵捉马,弈来甚是巧妙!黑如接走象 5 进 3,则炮五进一,车 7 退 3,车六平八,红方占优。

21.…………　马 8 进 6

175

黑方进左马弃子争势,是不甘示弱的走法。

22.兵七平八　马6进8　　23.炮七退一　马8退7

24.炮七进二　炮8进8　　25.兵八进一　马7进5

26.车六进六　…………

红方献车,吐还一子简化局势,是稳健的走法。如改走车六平五,则卒5进1,互缠之中,黑不难走。

26.…………　将5平4　　27.炮七平三　马5进7

28.炮五平二　卒1进1

黑方如误走马7进9,则马四退三,炮8退1,相七进五,下伏相五进三之着,黑要失子。

29.相一进三　马7进6　　30.炮二平一　炮8平9

31.马四退三　炮9退3　　32.仕五进四　炮9退2

33.帅五进一　炮9平7　　34.相三退五　炮7退1

35.兵八进一　…………

红方如改走帅五平四,则炮7平2,红方虽多子,但边兵难以保存,易成和棋。

35.…………　象5进7　　36.相五进三　象7退5

37.相三退五　象5进7　　38.相五进三　象7退5

39.相三退五　象5进7　　40.相五进三　象7退5

41.相三退五　象5进7　　42.相五进三　象7退9

43.相三退五　象9进7　　44.相五进三　象7退9

45.马三进四　…………

按照规则,黑应变着。红方主动求变,不愿纠缠于棋例之中,表现了杨老的大将风度。

45.…………　马6进8　　46.炮一进五　马8退7

47.炮一进二　将4进1　　48.马四进六　马7退6

49.帅五退一　马6退4　　50.炮一平七　炮7退1

51.炮七退八　…………

红方谋得双象,仍占残棋优势。

51.…………　将4退1　　52.相七进五　将4平5

53.马六进四　炮7平8　　54.炮七平九　士5进4

55.马四进三　马4进6　　56.炮九进四　卒5进1

57. 仕六进五　　马6进4　　58. 兵八平七　……………

红方以径走炮九进四为好。

58. ……………　士4退5　　59. 马三退二　士5进6

60. 兵七进一　炮8退1　　61. 炮九进四　士6进5

62. 兵七进一　士5退4　　63. 马二进四　马4退3

64. 炮九平八　卒5进1　　65. 马四退六　马3退4

黑方可改走炮8进1,封锁红马进路。

66. 兵九进一　马4退3　　67. 马六进七　炮8进1

68. 马七退五　……………

红方退马,正着。如改走马七进九,则将5进1,马九进七,炮8退2,速成和棋。

68. ……………　将5进1　　69. 兵九进一　马3进2

70. 马五退三　炮8进2　　71. 兵九进一　马2进3

72. 兵九平八　将5平6　　73. 马三进二　将6平5

74. 兵八平七　炮8退1　　75. 相五进七　将5平4

76. 炮八退八　……………

"残棋炮还家",灵活的走法。

76. ……………　将4平5　　77. 仕五进六　炮8平5

78. 帅五平六　马3进1　　79. 炮八平四　马1进3

80. 仕六退五　将5退1　　81. 马二退三　炮5平7

82. 炮四进六　……………

赶走黑方中炮后,再挥炮破士,红方走得丝丝入扣。

82. ……………　卒5平4　　83. 相三退五　马3退5

84. 马三退四　卒4进1　　85. 马四进五　炮7平5

86. 炮四平五　将5进1　　87. 炮五平八　卒4平5

88. 兵七平六　炮5退1　　89. 炮八退三　马5退3

90. 炮八进二　马3退5　　91. 马五退三　马5进6

92. 炮八平一　……………

红方炮打边卒,顺手牵羊,消灭黑方的反击力量。

92. ……………　卒5平4　　93. 马三进四　将5平6

94. 炮一退五　马6进5　　95. 炮一平四　……………

平炮控制黑将,红方胜利在望。

95.········· 马5退4   96.兵六进一   炮5进2

97.马四进二   将6平5   98.马二进三

黑方如接走将5退1,则马三退四,红方得炮胜定。

第 11 局
黑龙江赵国荣(先胜)湖南肖革联
(1990 年 10 月 20 日于杭州)
全国象棋个人赛

1.炮二平五   马8进7   2.马二进三   车9平8

3.车一平二   炮8进4   4.兵三进一   炮2平5

5.兵七进一   车1进1   6.马八进七   车1平8

7.车九平八   炮8平7

黑方平炮攻相,正着。如改走马2进3,则炮八进一,炮8平2,车二进八,车8进1,车八进三,车8进3,车八进三,红方大子灵活,明显占优。

8.车二平一   ·········

红方平车避兑,正确。如改走炮八进一,则前车进8,马三退二,炮7平2,车八进三,车8进9,车八进六,车8平7,车八平七,车7退4,车七退三,卒7进1,双方大体均势。

8.········· 马2进3   9.仕四进五   前车进3

10.炮八进三   ·········

红方进炮骑河,防止黑方兑卒活通马路,是争先取势的好棋。

10.········· 后车进1   11.车八进四   后车平2

黑方平车捉炮,嫌急。应改走前车平4,红如炮五平六(如车一平二,车8进8,马三退二,卒7进1,红无便宜),车4进2,相三进五,车4平3,车八退二,卒3进1,兵七进一,车3退2,马七进六,车8平2,炮八进一,卒7进1,双方接近均势。

12.炮八进一   卒3进1   13.车一平二   车8进5

14.马三退二   马3退1

黑方如改走卒3进1,则车八平七,马3进4,炮八平六,车2平4,车七进二,红方优势。

15.炮八平三   车2进4   16.炮三进三   士6进5

178

17.马七进八　卒3进1　　18.马八进九（图11）　炮5进4

如图11形势,黑方炮击中兵,被红方三

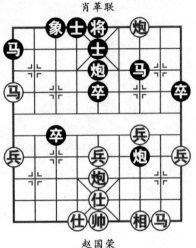

肖革联

赵国荣

图11

兵渡河欺马控制了局势。如改走马7进6,
则炮三退六,马6进7,炮五进四,红方多兵
也是胜利有望。

19.马二进三　炮5平6

20.兵三进一　炮7进3

21.马三进五　炮6退3

22.马九进八　象3进5

23.炮三退一　炮6平8

24.帅五平四　炮8进6

25.帅四进一　炮7平3

黑方平炮打相,出于无奈。如改走象5
进7去兵,则马五进七,炮8退7,炮五平
九,马7进6,炮三退八,炮8平6,仕五进
四,马6进5,帅四平五,马5退3,炮九进六,红方得子胜势。

26.马五进七　炮3平1　　27.炮五进五　士5进4

28.兵三进一　马7退9　　29.马八退六　将5进1

30.炮五平二　马9退7　　31.马六进四

红胜。

第 12 局

上海林宏敏(先胜)冶金肖革联

(1996 年 5 月 19 日于成都)

全国象棋团体赛

1.炮二平五　马8进7　　2.马二进三　车9平8

3.车一平二　炮8进4　　4.兵三进一　炮2平5

5.马八进七　车1进1　　6.车九平八　车1平8

7.兵七进一　炮8平7　　8.车二平一　马2进3

9.马七进六　…………

红方进河口马,企图扰乱黑方阵势。

179

9. ·········· 前车平6

黑方应改走前车进3,要比实战走法为好。

10.炮五平七 车6进4 11.炮八进二 卒3进1

12.相三进五 ··········

红方飞相保兵,正着。如改走兵七进一,则车6平4,炮七进五,马7退5,兵七进一,车8进7,黑方反夺先手。

12.·········· 卒3进1 13.马六进五 车6进3

黑方逃车,失算!应改走马7进5,炮八平四,马5进6,车一进二,马6退4,兵五进一,车8进4,要比实战走法为好。

14.马五进七 车6平4

黑方如改走卒3平2,则炮七进七,士4进5,车八进四,红方形成三子归边之势,黑方也难应付。

15.炮八进五 卒3进1(图12)

16.马七进六 ··········

如图12形势,红方弃炮进马硬踩底士,是迅速入局的有力之着,已令黑方难以防范。

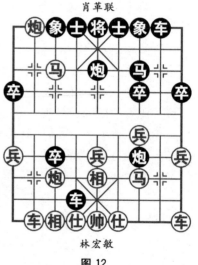

肖革联

图12

林宏敏

16.·········· 卒3进1

黑方如改走炮5进5打相,则炮七进七,将5进1,车八进八,车4退7,车八平六,将5平4,相七进五,红方多子胜定。

17.马六退七 象3进1

18.炮八平九 炮5平4 19.仕四进五 马7进5

20.车八进九 将5进1 21.车八退一 将5进1

黑方如改走将5退1,则马七进八,炮4退2,马八退六,将5进1,马六退五,红方速胜。

22.马七进六 炮4退1 23.车一平四 士6进5

24.车八退一 士5进4

黑方如改走车4退6,则车八退一,马5进4,车四进四,红亦胜势。

25.车四进八

进车捉死炮,红方胜定。

第13局

广东许银川(先胜)沈阳苗永鹏

(2003年11月7日于武汉)

全国象棋个人赛

1. 炮二平五　马8进7　　2. 马二进三　车9平8

3. 车一平二　炮8进4　　4. 兵三进一　炮2平5

5. 兵七进一　车1进1　　6. 马八进七　车1平8

7. 车九平八　炮8平7　　8. 车二平一　前车进3

9. 炮八进五　·············

红方伸炮打马,简明的走法。如改走马七进八,则马2进1,炮五平七,前车平1,相三进五,车1进2,炮八平九,车8进4,仕四进五,卒7进1,兵七进一,卒7进1,马八进六,车1平2,车八进三,炮7平2,相五进三,马7进6,兵七平八,士4进5,炮七进七,马1退3,马六进五,象7进5,炮七退三,卒9进1,车一平四,马6进4,黑不难走。

9. ·············　马2进3　　10. 车八进六　·············

红方左车过河,静观其变,是含蓄的走法。如改走炮八平五,则象3进5,车八进七,马3退5,黑方伏有马5退3捉车的先手,可以对抗。

10. ·············　炮5平2

黑方如改走卒7进1,则车八平七,马3退5,炮八退一,卒7进1,炮八平五,后车进3,兵七进一,也是红占主动。

11. 车八进一　马7退5　　12. 马七进八　·············

红方也可改走兵五进一,黑如接走炮7平6,则车一进一,后车进2,车一平四,炮6进4,炮五进四,马3进5,车八平四,后车平6,车四进六,卒3进1,马三进五,也是红方占优。

12. ·············　前车平1　　13. 马八进七　车1进2

黑车吃兵,不如改走车1平4,较为顽强。

14. 马七退六　·············

红方回马,以退为进,是争先取势的有力之着。

14. ·············　车1平4　　15. 马六进五　马3进4(图13)

16. 马五退七　·············

如图13形势,红方退马催杀,可谓一击中的! 顿令黑方难以招架。

16. ………… 马4退6

17. 车八平四 象7进5

18. 车四退一 象5进3

19. 兵七进一 …………

红兵拱象,演成多兵多相占优之势。

19. ………… 象3进5

20. 仕四进五 马5退3

黑方如改走象5进3飞兵,则车四退三,炮7平8,车一平二,红亦胜势。

21. 车四退三 车8进6

22. 车一平二 车8进3

23. 马三退二 炮7进2

24. 相三进一 马3进2

25. 马二进三 炮7平8

黑方如改走马2进3吃兵,则车四退二,红方得炮胜定。

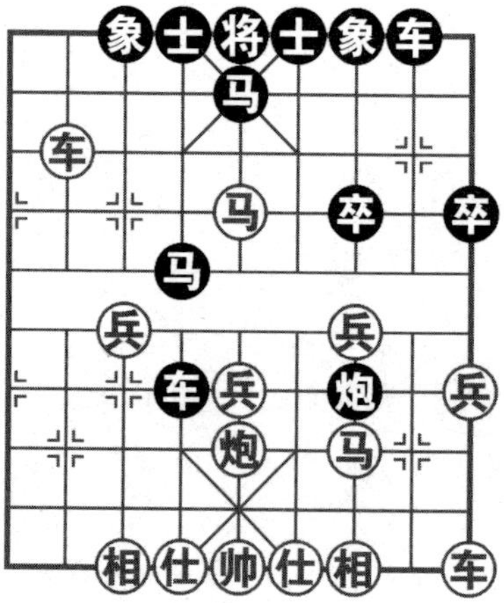

26. 兵七进一 马2进1　　27. 兵七进一 士4进5

28. 炮五进五 将5平4　　29. 炮五平二

黑如接走车4退2,则炮二进二,将4进1,车四进三,红方胜定。

苗永鹏

许银川

图13

第14局

江苏徐天红(先胜)上海胡荣华

(1990年6月13日于邯郸)

全国象棋团体赛

1. 炮二平五 马8进7　　2. 马二进三 车9平8

3. 车一平二 炮8进4　　4. 兵三进一 炮2平5

5. 马八进九 马2进3

形成中炮对左炮封车转列炮的阵势。红方选择上边马变例,力争局势均衡发展。黑方如改走车1进1,则车九平八,马2进3,炮八平七,车1平8(如车1平6,车八进六),炮七进四,象3进1,炮七平三,红方多兵易走。

6. 兵七进一 车1平2　　7. 车九平八 车2进5

8. 炮八平七 …………

182

红方平炮兑车,牵制黑方 3 路线。如改走炮五退一,车 2 平 3,相三进五,车 3 退 1,炮八进二,也是红方易走。

8. ·········· 车 2 平 3　　9. 车八进二　炮 8 平 7

黑方平炮压马,失策。应改走马 3 退 5,炮五平六(如炮五退一,炮 5 平 3,马九退八,车 3 平 7,红无便宜),炮 5 平 3,马九退八,车 3 平 7,相三进五,车 7 进 1,黑可抗衡。

10. 炮五退一　··········

红方退窝心炮,灵活的走法。

10. ·········· 炮 5 平 4

黑方如改走车 8 进 9,则马三退二,炮 5 进 4,相七进五,黑要失子。

11. 相三进五　炮 4 进 5　　12. 炮七退一　车 3 平 4

黑方如改走炮 4 平 7,则相五进七,车 8 进 9,车八平三,红方易走。

13. 车二进九　马 7 退 8

14. 马三退二　马 3 退 5

15. 车八进四　象 7 进 5

16. 车八平七　马 5 进 7

17. 兵五进一　··········

红方冲中兵直攻中路,击中要害。

17. ·········· 车 4 进 1

18. 兵五进一　车 4 平 6

19. 兵五进一　车 6 进 2(图 14)

20. 炮七进八　··········

如图 14 形势,黑方进车催杀,红方弃炮打象妙手解围后,再炮五平七续打底象,令黑方防不胜防。

20. ·········· 象 5 退 3

胡荣华

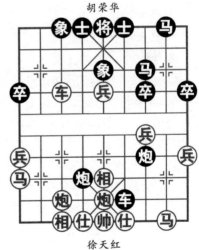

徐天红

图 14

21. 炮五平七　车 6 平 8　　22. 仕六进五　车 8 进 1

23. 炮七进八　将 5 进 1

黑方如改走士 4 进 5,则仕五进六,再炮七平九,黑方亦难抗衡。

24. 马九进七　··········

红方跃马助战,紧凑有力。

24. ·········· 车 8 退 5　　25. 仕五进六　将 5 平 6

183

26.兵五进一　车8平6　　27.炮七退一　…………

退炮控制黑将,红方胜势已定。

27.…………　　炮7平8　　28.仕四进五　炮8退4

29.马七进六

黑如接走炮8平5,马六进五,红亦胜定。

第15局
中国许银川(先胜)菲律宾庄宏明
(2008年10月9日于北京)
首届世界智力运动会象棋个人赛

1.炮二平五　马8进7　　2.马二进三　车9平8

3.车一平二　炮8进4　　4.兵三进一　炮2平5

5.兵七进一　马2进3　　6.马八进九　车1平2

7.车九平八　车2进5　　8.兵九进一　…………

红献边兵捉车,试探黑方应手,新的尝试。以往多走炮五退一,炮8平7,炮八平七,车8进9,马三退二,车2平3,车八进二,马7退5,相七进五,车3平4,炮五平七,车4进3,车八进六,车4平8,车八平六,车8进1,前炮进五,车8退5,仕六进五,红方大占优势。

8.…………　车2平3　　9.炮五退一　炮8平7

10.相三进五　车8进9　　11.相五进七　车8退5

黑方退车,准备策应右翼。如改走车8平7捉马,则相七退五,车7退1,炮五平八,也是红占主动。

12.炮八平七　马3退5

黑方退马窝心,预作防范,是实战中常用的走法。如改走炮5平6,则相七退五,象3进5(如车8平3,车八进二,红占主动),炮五平七,也是红占主动。

13.相七退五　炮5平3　　14.炮七进五　马5进3

15.炮五平七　马7退5　　16.车八进七　车8平3

17.车八退三　象3进5　　18.车八平四　炮7平8

19.车四进四　…………

红方借左车右移捉死炮的先手,乘机进车卡住黑方"象眼",为下一步推动攻势创造了有利条件,是灵活有力的走法。

19.·········· 马5退3　20.马三进四　炮8平7

21.车四平六 ··········

逼迫黑马从右翼转出后红车再挥师左翼,走得十分紧凑得法。

21.·········· 车3平6　22.马四进六　前马退1

23.马六退八　士4进5　24.车六平八　车6平3

25.马八进九　车3进3　26.前马退八　车3退3(图15)

27.炮七平六 ··········

如图15形势,红方上一步先回马捉车,然后再平肋炮,伏炮六进七捉死马的手段,走得十分细腻。如改走马八进九,则车3进2,前马进七,炮7平6,马七进九,炮6退5,黑方有先弃后取的手段。

27.·········· 士5进4

28.马八进九　车3进5

黑方如改走车3进3,则炮六平四,黑方亦难应付。

29.炮六平七　车3平1

30.前马退八　炮7进1

31.马九进七　士6进5

32.炮七进五　车1平2

33.炮七进二　车2退3　34.马七进六　象5进3

35.马六进七　炮7平8　36.马七进九 ··········

红方擒得一子,为取胜奠定了基础。

36.·········· 马3进1　37.炮七平九　炮8退6

38.车八进一　士5退4　39.炮九进一　将5进1

40.兵九进一　将5平6　41.车八退四　炮8进3

42.马八进六

黑方少子不敌,遂停钟认负。

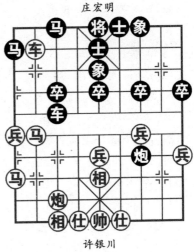

庄宏明

许银川

图15

第16局
湖北柳大华(先胜)杭州陈孝堃
(1999年1月24日于荥阳)
"少林汽车杯"全国象棋八强赛

1. 炮二平五　马8进7　　2. 马二进三　车9平8

3. 车一平二　炮8进4　　4. 兵三进一　炮2平5

5. 兵七进一　马2进3　　6. 马八进九　车1平2

7. 车九平八　车2进4

黑方高巡河车,准备右车左移争先,是改进后的走法。

8. 炮八平七　车2平8　　9. 车八进六　炮8平7

10. 车二平一　后车进1

黑方高车准备策应右翼,是灵活的走法。

11. 仕四进五　卒7进1

12. 车八平七　马3退1

13. 兵三进一　前车平7

14. 相三进一　卒1进1

黑方以改走炮5平3,进行反牵制
为宜。

15. 车一平四　车8平4

16. 车四进三　车4进5(图16)

黑方应改走象3进1,较为顽强。

17. 车七退一　…………

如图16形势,红方退车邀兑黑车,一击
中的! 使黑方阵势立即崩溃。

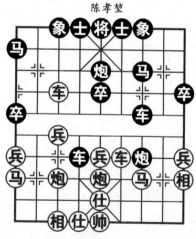

陈孝堃

柳大华

图16

17. …………　车7平3

18. 兵七进一　炮7退2

19. 车四进四　马7进8

黑方进马失子,除此之外别无良策。

20. 马三进四　车4平5　　21. 马四进二　车5退2

22. 马二进三　炮5平7　　23. 车四平三　炮7平3

24. 炮七平六　象3进5　　25. 炮五平二　车5进2

26. 相一退三　　…………

卸炮退相调整阵势，红方无后顾之忧了。

26. …………　　士4进5　　27. 车三退三　　马1退3
28. 兵九进一　　卒1进1　　29. 车三平九　　车5平9
30. 车九平五　　炮3平5　　31. 相七进五　　马3进2
32. 马九进八　　马2进3　　33. 车五平七　　车9平7
34. 炮二平三　　炮5平8　　35. 马八进七　　卒9进1
36. 相三进一　　炮8退7　　37. 相一进三　　炮8进3
38. 炮六平七　　卒9进1　　39. 炮三平二　　炮8进3
40. 相三退一　　车8平5　　41. 炮七进三　　象5进3

42. 车七进一　　…………

以炮兑马谋得一象，红方加快了胜利步伐。

42. …………　　车5进1　　43. 马七进九　　炮8退4
44. 炮二平四　　车5退3　　45. 车七进四　　士5退4
46. 车七退五　　士4进5　　47. 炮四平八　　象7进5
48. 炮八平七　　车5进3　　49. 马九退七　　象5退7
50. 相一进三　　车5平7　　51. 马七进九　　象7进5
52. 炮七平五　　士5进4　　53. 马九进七　　将5进1
54. 马七退五　　车7进2

黑方如改走车7平5，则马五进三，红方速胜。

55. 仕五退四　　炮8进8　　56. 马五退三　　将5平4
57. 车七进四　　将4退1　　58. 马三进四　　士4退5
59. 车七进一　　将4进1　　60. 马四退五

红胜。

第17局

广东吕钦(先胜)火车头金波

(2002年3月16日于北京)

第13届"银荔杯"象棋争霸赛

1. 炮二平五　　马8进7　　2. 马二进三　　车9平8
3. 车一平二　　炮8进4　　4. 兵三进一　　炮2平5

5.马八进九　马2进3

黑方进马出动强子,正着。如改走卒3进1,则炮八进六,红方易占主动。

6.兵七进一　车1平2　　7.车九平八　车2进4

8.炮八平七　车2平8　　9.车九进六　··········

红方进车过河,准备吃兵压马展开攻势。也可改走炮七进四,象3进1,炮七平三,红方多兵占优。

9.··········　炮8平7　　10.车二平一　卒7进1

黑方兑7卒,演成各攻一翼的局面。已是箭在弦上,不得不发。如改走炮5平6,则车八平七,象7进5,兵七进一,红方稳占主动。

11.车八平七　马3退5　　12.兵三进一　··········

红方进兵兑掉7卒,稳健的走法。但从本局快节奏的对攻态势来看,则显得有些缓慢。似可考虑即走车七进二,黑如接走卒7进1,则车七平六,象3进1,相三进一,红方下伏车一进一再车一平六的攻击手段,较易掌握主动。

12.··········　车8平7　　13.车七进二　车8进5

黑方进车骑河占据要道,随时可以策应右翼,是紧凑有力之着。

14.仕六进五　马7进6

黑方跃马,是力争主动的应法。如改走象3进1,则车七平六,车7平2(如车8平3,帅五平六,车3退5,马九进七,红方优势),帅五平六,车2退4,黑方下伏车8平3的手段,也可对抗。

15.车七平六　车8平3

黑方平车吃兵,失算。应先走象3进1解杀,下步车8平4兑车,黑方足可一战。

16.炮五进四　··········

红方抓住黑方的失误,挥炮巧击中卒(黑不能车3进2吃炮,否则帅五平六,绝杀),令黑方顿感进退维谷。

16.··········　马6进4(图17)

黑方进马捉炮,再次失算。应改走象3

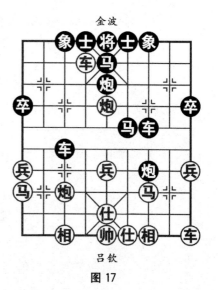

金波

图 17

吕钦

进1,红如接走炮七平八,则车3进4,仕五退六,车3退9,炮八平五,马6退7,前炮退一,车3进3,兵九进一,红方虽仍占优,但黑方尚可支撑。

188

17.相三进五　··········

如图17形势,红方飞相捉车,构思十分巧妙,也是迅速扩大优势的精彩之着。黑如接走车3平2,则兵九进一,车2退2(如车2平1,马九进七),车六退四,车2平5,帅五平六,马5进7,车六进五,将5进1,车一平二,车7平8,车二进五,马7进8,马九进八,红方大占优势。

17.··········　车3退2　　18.炮七进七　车3退3

19.车六退四　车7退1

黑方如改走车7平5,则车六平五,车5进1,兵五进一,车3进3,兵五进一,车3进1,车一平二,车3平5,车二进六,也是红方胜势。

20.车六进二　车7平6　　21.车一平二　炮7退3

22.车二进六　炮7平5　　23.车二平四　前炮进4

24.相七进五　炮5进5　　25.仕五退六　马5进6

26.车六平四

黑如接走车3进7,则马九退八,车3进1(如车3平2,车四退四),车四平八,红方多子胜定。

第18局

河北黄勇(先负)江苏徐天红

(1986年11月于湘潭)

全国象棋个人赛

1.炮二平五　马8进7　　2.马二进三　车9平8

3.车一平二　炮8进4　　4.兵三进一　炮2平5

5.马八进九　马2进3　　6.车九平八　炮8平7

黑方平炮压马兑车攻相,是力争主动的走法。如改走卒3进1,则炮八平七,马3进4,车八进四,马4进5,马三进五,炮5进4,仕六进五,炮5退2,炮七进三,车1进2,车八平六,象7进5,炮七进一,士6进5,车二进二,炮8平1,车二进七,马7退8,车六进二,红方易走。

7.车二进九　炮7进3　　8.仕四进五　马7退8

9.炮八平七　··········

红方以改走兵七进一,保留进炮封车的手段为宜。

9.··········　车1进1　　10.车八进六　炮7平9

黑方先平边炮,是含蓄有力之着。

11.车八平七　炮5平8　　12.马三进二　象3进5

黑方飞右象,正着。如改走象7进5,则炮五进四,马3进5,车七平五,红方有炮击底象的先手,黑车难以顺利过宫,红方多兵易走。

13.兵五进一　车1平8　　14.兵五进一(图18)　炮8平7

如图18形势,黑方平炮捉马,放任红方中兵横冲直撞,展开激烈对攻,已算准己方可以在对攻中捷足先登,可谓有胆有识。

15.兵五进一　车8进4

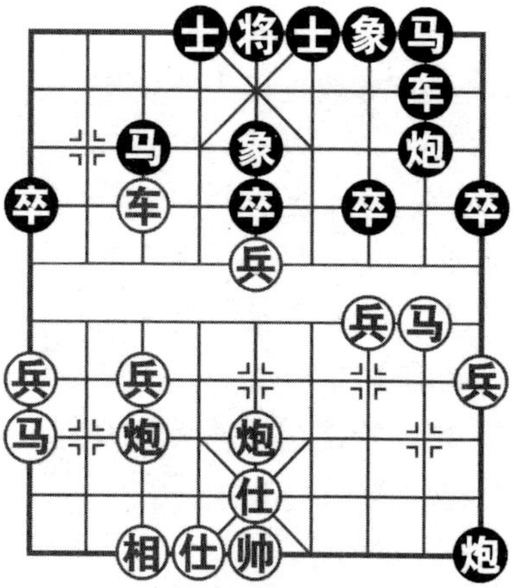

16.兵五进一　士4进5

17.兵五进一　将5进1

18.帅五平四　炮7进3

19.炮五平三　………

徐天红

图18

红方只好平炮拦挡,如改走车七进一,则炮7进3,炮七退一,车8进4,帅四进一,炮9退1,红方失子;又如改走车七平五,则将5平4,炮七进五,炮7进4,帅四进一,炮7退2,绝杀,黑胜。

19.………　马8进7

20.车七进一　马7进5

21.车七进一　将5进1　　22.车七退四　炮7平4

23.仕五进六　马5进7　　24.马九退七　马7进6

25.马七进五　炮9退1　　26.炮三进七　车8进4

27.帅四进一　马6进7　　28.帅四进一　车8退2

黑胜。

第19局
广州韩松岑(先负)河北李来群
(1990年10月15日于杭州)
全国象棋个人赛

1.炮二平五　马8进7　　2.马二进三　车9平8

3. 车一平二　炮8进4　　　4. 兵三进一　炮2平5

5. 炮八进五　……………

形成中炮对左炮封车转列炮的阵势。红方进炮打马,容易兑子简化局势。此着一般多走马八进七,马2进3,兵七进一,车1平2,车九平八,车2进4,炮八平九,车2平8,车八进六,双方另有复杂攻守变化。

5. ………………　马2进3　　　6. 炮八平五　象7进5

7. 马三进四　车1平2　　　8. 马八进九　……………

红方跳边马,力求稳健。如改走兵三进一巧渡兵,则卒7进1,车二进三,车8进6,马四退二,车2进8,黑方弃子多卒占势,并不难走。

8. ………………　车2进4　　　9. 兵三进一　炮8平7

10. 兵三平二　……………

红方如改走车二进九,则马7退8,马四进五,马3进5,炮五进四,象5进7,也是黑方易走。

10. ………………　卒7进1　　　11. 车九平八　车2平6

12. 炮五平二　车8平7　　　13. 马四退五　卒7进1

14. 车八进七　马3退5　　　15. 马五进三　卒7进1

16. 炮二平五　卒7平6

双方经过一番交换后,红方虽然兵种齐全,但黑方过河卒的威力大于红方的过河兵,相较之下,黑方易走。

17. 兵二进一　……………

红方冲兵保留变化,如改走仕四进五,则卒6平5,炮五平七,马7进8,也是黑方优势。

17. ………………　卒6进1

18. 炮五平六　马7进8

19. 车八平六　车7进6

黑方伸车抢占要道,紧要之着。

20. 相三进五　卒6进1

21. 兵九进一　马5进7

22. 兵二进一(图19)　卒6进1

李来群

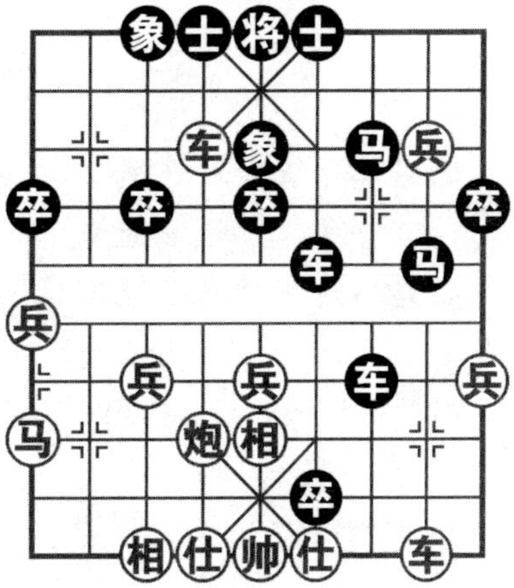

韩松岑

图19

如图19形势,黑方冲卒破仕毁去红方藩篱,并为7路马腾路,走得恰到好处。

　　23.车二平四　　车6进5　　24.帅五平四　　马7进6

　　25.仕六进五　　车7平9

黑方车吃边兵,顺手牵羊,并可沉底叫将取势。

　　26.帅四平五　　马8进6　　27.马九进八　　士6进5

　　28.车六进一　　车9进3　　29.仕五退四　　前马进8

　　30.马八进七　　…………

红方如改走炮六退一,则马8进6,炮六平四,马6进7,车六退七,马7进8,黑亦胜势。

　　30.…………　　马8进7　　31.帅五进一　　车9平6

　　32.兵二进一　　马6进7　　33.帅五平六　　车6平3

红如续走帅六平五(如马七进五,车3退1,帅六退一,后马进5),前马退6,帅五平六,车3退1,帅六退一,马7进6,帅六平五,车3平5,帅五平四,前马退7,黑方胜定。

第20局

广东许银川(先胜)黑龙江聂铁文

(2001年4月21日于北京)

首届BGN世界象棋挑战赛

　　1.炮二平五　　马8进7　　2.马二进三　　车9平8

　　3.车一平二　　炮8进4　　4.兵三进一　　炮2平5

　　5.炮八进五　　马2进3　　6.炮八平五　　象7进5

　　7.兵七进一　　…………

红方挺七兵制马,是许银川的创新,属后中先的走法。以往多走马三进四,或马八进七,黑可应战。

　　7.…………　　车1平2

黑方出右直车,似不如改走炮8平7(如车1进1,马八进七,车1平8,车九平八,红伏车八进七胁马手段,易走),压为宜,红如接走马八进七,车1平2,车九平八,车2进9,马七退八,卒3进1,要比实战走法为好。

　　8.马八进七　　车2进4

黑方以改走炮8平7为宜。

192

9.车九平八　车2平8　　10.车八进七　马3退5

11.马七进八　马5退7　　12.马八进七　士6进5(图20)

13.炮五平七　·········

如图20形势,红方卸炮窥视黑方3路底线,攻击点十分准确,令黑方顿感难以招架。

13.·········　　炮8平7

14.马七进六　象3进1

15.车八平九　·········

红方车吃边象,秩序井然,已然成竹在胸。

15.·········　　前车平4

黑方如改走前车进5,则马三退二,车8进9,车九平五,马7进9,炮七平八,红亦胜定。

16.车九平五　后马进6

黑方如改走车4退3,则车五平三,红亦胜势。

17.车二进九　马7退8　　18.炮七平八　车4平2

19.炮八平九　炮7进3　　20.仕四进五　卒1进1

21.马六退八　将5平6　　22.炮九进三　马8进9

23.兵七进一

黑如接走车2退1,则炮九进四,将4进1,炮九平八,车2平1,炮八退一,将4退1,马八进六,红方胜定。

聂铁文

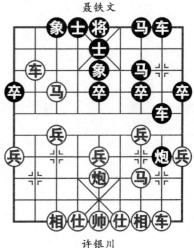

许银川

图20

193